実践!
アカデミック・ディベート

批判的思考力を鍛える

安藤香織・田所真生子 編

ナカニシヤ出版

目　　次

第Ⅰ部　ディベートの理解

第1章　アカデミック・ディベートのススメ —————2
ディベートはリベート？　2
ディベートで授業を変える　4
「内」と「外」のコミュニケーション　7
この本のねらい　9
この本の使い方　11

第2章　ゲームとしてのディベート —————14
ディベートを始める前の準備運動　14
ディベートへの疑問　15
白か黒か？　人工的に対立させるディベート　16
「自分の意見」と「スピーチ」を切り離す　19
形式に合わせて議論する　21
思考力を集中トレーニングする　22

第Ⅱ部　ディベートの実践

第3章　ディベートの流れをつかむ —————28
まずは話してみよう　28
フォーマットを決める　31
基本的なルールを知る　33
フローを取る　35

第4章　立論する（肯定側立論） ——————— 42

リンクマップを作る　42
立論の構成　46
メリットへの反論　50
論題・プランを選ぶ　53

第5章　反論する（否定側立論） ——————— 58

デメリットを提出する　58
デメリットの構成　60
デメリットをめぐる攻防　62
否定側の戦略を考える　66
対案（カウンタープラン）を出す　68
まとめ　71

第6章　リサーチをする ——————————— 72

情報は力　72
情報収集の3段階　73
情報を整理する　80

第7章　エビデンスを使う ————————— 84

エビデンスを整理する　84
エビデンスの種類　88
試合でエビデンスを使う　92

第8章　戦略を立てる（反駁） ——————— 96

反駁で勝負を決める　96
ラウンド全体の戦略を立てる　101
戦略的なQ＆A　103

第9章　試合をする ———————————— 108

試合の準備をする　108

ジャッジする　　111
　　スピーチのコツ　　116
　　まとめ　　120

第Ⅲ部　ディベートを活かす

第10章　教育の中のディベート ―――――― 124
　　ディベートで学ぶ　　124
　　実際の取り組み例　　126
　　ディベート嫌いを作らない　　131
　　ディベート授業を振り返る　　132

第11章　社会の中のディベート ―――――― 138
　　就職活動に活かすディベート　　138
　　職場で活かすディベート――コンサルティング業界の例から　　144

　　付　　録　　150
　　引用・参考文献　　152
　　索　　引　　153
　　あとがき　　156

第Ⅰ部
ディベートの理解

第 1 章

アカデミック・ディベートのススメ

■ ディベートはリベート！？

　少し以前は，「ディベートをやっている」というと，「え？ リベート？ それって悪いことじゃなかったっけ」と言われたものである。最近は，「ディベート」という言葉を聞く機会が増えてきた。企業の研修や採用試験，小学校から高校の授業でもディベートが取り入れられるようになってきたからだ。教室ディベート連盟が結成され，中学生・高校生を対象にした「ディベート甲子園」も毎年行われるようになった。一方大学では，以前からESS（English Speaking Society）では英語ディベートが行われているが，授業ではあまり取り入れられていないのが現状だろう。

　近年では学生の学力低下が叫ばれ，文部科学省は「考える力」「生きる力」を養う教育を提唱している。大学では，まさに学生が自ら問題を発見し，論理的に議論を構築する能力が求められているのではないだろうか。大学生ぐらいになれば，自分で考えてかなりしっかりした議論を展開できるようになるはずである。また，社会への関心も高まる時期であり，大学でディベートを教えるメリットは大きいと考える。

　高校でも，「総合学習」がカリキュラムの中に取り入れられることになった。

| 第7章 エビデンスを使う | 第8章 戦略を立てる（反駁） | 第9章 試合をする | 第10章 教育の中のディベート | 第11章 社会の中のディベート | 付録・文献 索引 |

この本のねらい　　この本の使い方

　総合学習では，型にはまった教え方でなく，学校独自の取り組みが問われるところである。学生が主体で考えることができるディベートをその中に取り入れるのも，面白い試みになるのではないだろうか。これまで社会や国語の授業でディベートを取り上げるケースは見られたが，今後「総合学習」がカリキュラムに取り入れられることになったことによって，教科にとらわれずにディベートを導入することが可能になるだろう。

　「アカデミック・ディベート」とはここでは教育現場で行われるディベートのことを指し，ESSや弁論部でのディベートもこれにあたる。これ以外には例えばテレビの討論番組でのディベートや企業の研修で行うディベート，アメリカ大統領選挙でも候補者同士のディベートが行われる。この本では，主に大学生，高校生を対象としたディベート授業を提唱し，その方法を紹介する。

　ディベートでは，ある論題について，肯定側と否定側に分かれて議論を行う。一定のルールが決まっており，ジャッジ（審判）が勝敗を決める。単なる「討論」と違うところは，討論は全員で1つの結論を出すことをめざすが，ディベートでは肯定側，否定側の立場は最初から最後まで変わらない。だから，ディベートでは反対意見の人の「意見を変えさせる」ことが目的ではない。中立な立場であるジャッジを説得し，自分の議論の方が優れている，と主張することである。たまに誤解する人がいるが，ディベートは反対意見の人とけんかすることではない。ジャッジに対して，理路整然と自分の意見を述べればよいのである。

　討論と最も異なる点は，ディベートは「ゲーム」である，ということだろう。ゲームである以上，ルールがあって勝ち負けがあり，フェア・プレイの原則がある。野球やサッカーなどのスポーツと同じである。一方がボールを投げ，もう一方がそのボールを打つ。攻守が交代して，1回ごとに逆転のチャンスがある。その間には「どうやって勝つか」という戦略があり，プレイヤーの間の駆け引きがある。ディベートのルールも，肯定側・否定側の勝つチャンスが平等になるように決められている。ディベートとスポーツが違うのは，ディベート

には性別や年齢によるハンディキャップがなく，運動が得意でない人でもできるということである。華奢な女の子でも，屈強な男の子をねじふせることができるのが醍醐味である。いったんディベートの舞台に立てば誰でも同じ土俵の上，最後にジャッジをうなずかせた方が勝ちである。

> ディベートは知的なスポーツ。誰でも同じ土俵で戦える。

■ ディベートで授業を変える

高校や大学のこれまでの授業では，先生が話をして学生がじっとそれを聞く（ことを期待されている）という講義形態が主流だった。効率的に知識を吸収する，という目的のためには講義も効果的な方法である。けれど，学生から見ればただ座って聞いているだけで情報が与えられるので，受動的になりがちである。関心のない人は馬耳東風のままで終わってしまう。むしろ，効率は悪くても，自分の足を使って情報を集め，自分の頭を使って組み立てた議論は，実感として何倍も自分の身につくだろう。ディベートではゲームに「勝つ」という動機づけがあるので，必然的に能動的にならざるをえない。頭をフル回転させ，自分の能力を最大限に発揮することが求められる。

この本のねらい　　この本の使い方

❖「考える力」を身につける

　ただ知識を蓄積するための学習でなく，学生が「考える力」をつけることが大学や高校の役割として求められていることではないだろうか。ここでいう「考える力」とは試験問題を解く力のことではなく，日常場面で「論理的」「批判的」に考える力のことである。「考える力」とは自ら問題を発見し，それを解決する能力でもある。知識だけあっても，現実社会にうまく適応できるというわけではない。現実社会ではさまざまな知識は頭の中になくても，「どこを探せばいいか」ということがわかっていればいくらでも手に入れることができる。重要なのは，自分がどんな情報を必要とするのか，その情報を使ってどのように議論を展開するか，を知っていることだろう。社会で不条理なことに直面した時に「これはおかしい」と気づき，自分の意見を組み立てるためにも考える力は必要である。

　ディベートでは自分の考えを整理して，相手に説明しなければならない。それはふだんの会話のように思いつくままをしゃべればよいのではなく，思考全体を展開して組み立てなおすという作業が必要であり，論理的思考力を必要とする。また，ディベートでは相手から突然予想外のことを言われたとしても，それに対してすぐに反論を考えなければいけない。常に相手の議論に耳を澄まし，聞きながら疑問点を列挙する。これは批判的思考力の訓練として非常に有効である。ディベートをやっていると，およそどんなことでも反論が可能であることに気づくだろう。ディベートはコミュニケーションの場であると同時に，思考力の訓練であり，思考の方法そのものでもある。

❖ 情報化社会の「情報」とは

　現在は「情報化社会」であるといわれ，高校の授業でも「情報」を取り入れるところは多い。みなさんは，「情報教育」というと，コンピューターの使い方を教える授業のことがすぐに頭に浮かぶのではないだろうか。しかし，情報化＝「コンピューター化」とは限らない。現在は玉石混淆のさまざまな情報が

巷にあふれており，情報過多ともいえる。インターネットを使えば理論的には誰でも平等に，世界中の情報を手に入れることができる。この中から必要な情報を取捨選択する力こそが，情報化社会において必要なスキルではないかと筆者は考える。つまり，コンピューターに限らず，情報収集の方法，情報の使い方を教えることが情報教育なのではないだろうか。

　ディベートを授業に取り入れることによって，問題を把握し，議論を構築するためにさまざまな情報を収集することが求められる。情報収集の能力も，ディベートに必要なスキルの1つなのである。ディベートによってリサーチ力や情報を使いこなす力を身につけることも情報教育の一環であるといえる。

◆「コミュニケーション能力」を伸ばす

　近年の学生は「コミュニケーション能力」が低下しているのではないだろうか。授業中に「この問題について隣の人と話し合ってください」と言っても，隣の人に話しかけられない，知らない人は話ができないという人が見かけられる。大学では，中にはクラスの人の誰とも話をしないまま卒業していく人もあるという。大学受験に向けての試験勉強は個人で行うものなので，その過程でコミュニケーション能力を身につける機会がないのかもしれない。

　また，パブリック・プレゼンテーションが苦手な人も多い。指名しても，うつむくだけで一言も発せない人もいる。「人前で自分の意見を述べるのは絶対いやだ」と拒否感を抱いている人が多いようだ。「人前で発表すること」が嫌な体験としてしか記憶に残っていないからではないだろうか。プレゼンテーションのうまい下手も能力というより慣れの問題であり，やはり訓練によって身につけることができる。

　ディベートは，特殊ではあるがコミュニケーションの一形態である。対戦相手と議論のボールをやりとりしつつ，ジャッジを説得する。自分の考えを伝えるために想像力・創造力を最大限に使って話をする。これは，何かうれしいことや悲しいことがあったときに友達に一生懸命気持ちを伝えようとするのと同

| 第7章 エビデンスを使う | 第8章 戦略を立てる（反駁） | 第9章 試合をする | 第10章 教育の中のディベート | 第11章 社会の中のディベート | 付録・文献索引 |

この本のねらい　　この本の使い方

じである。つまり，ディベートは日常のコミュニケーションの延長上にあるともいえる。まずは「これを伝えたい」という強い動機づけを持つことであり，それが説得的コミュニケーションの第一歩である。

「内」と「外」のコミュニケーション

　こんなシーンを思い出してみよう。学級会で，みんなで文化祭の出し物を決めようとしているとする。ところが，なかなか意見がまとまらず，先生が「では，先生が何か考えておこう」と言い出した。みんなは議論に疲れたのか「それでいい」というように黙ってうなずいている。あなたは，「それはまずいんじゃないか。学生が決めた方がいいのに」と思うのだが，言い出せない。1人だけ議論を始めると「あいつはうるさいやつだ」とか「協調性がない」と思われるのではないかと，心配になってしまう。このような体験をしたことはないだろうか。

　日本では「人と波風をたてない」ことが人間関係に必要なスキルだとされてきた。「内輪」の人とだけつきあっているうちは，それでもよかった。例えば，友達と遊びに行く相談をしていて，「遊園地に行こうか」という意見に「あなたはどう思う？」と聞かれたとする。たぶん「遊園地は嫌いだからいやだ」とはっきり言わなくても，「え，ちょっと……」と口ごもっていれば，「いやなんだな」と相手は察してくれる。しかし，「外」の相手とつきあう場合にはそうはいかない。同じような状況で外国人の友達から意見を聞かれたとして，「えっと……」と口ごもっていても，「はっきりしてよ」といらいらされるだけである。

　最近では，「外」の人ともつ

| 第1章 アカデミックディベートのススメ | 第2章 ゲームとしてのディベート | 第3章 ディベートの流れをつかむ | 第4章 立論する（肯定側立論） | 第5章 反論する（否定側立論） | 第6章 リサーチをする |

- ディベートはリベート？
- ディベートで授業を変える
- 「内」と「外」のコミュニケーション

きあう機会がますます増えている。「ボーダーレス社会」といわれるように，外国との交流は年々盛んになり，経済も一国だけでは成り立たない状況となっている。また，「外」というのは外国だけを指すわけではない。これまで日本社会は決まった相手と継続的なつきあいをしていけばよい，という閉鎖的な安定社会だった。しかし，それでは新たな相手とつきあうチャンスが失われていることになる。

共通背景を持たない相手とのコミュニケーションには，直線的で含みのない表現方法が望ましい。でも，どんなに意思疎通を試みても，やはり相手の言っていることが納得いかないことがあるだろう。「外」の相手とはコミュニケーションの方法が違うだけでなく，思考の背景そのものが違っているからだ。そんなとき，「あれ，何でそんなことするんだろう。何かまちがってるんじゃないかな」と思っても，なかなか私たちは口に出せない。相手の言うことに正面切って異議を唱える，ということに慣れていないので，どうやって口にしたらいいのかわからないのだ。逆に相手から反論されると，まごついたり，相手が自分に悪意を持っているかのように感じてしまう。例えば，アメリカ人から「日本はもっと内需拡大すべきだ」「日本はもっと国際貢献しないといけない」などと注文されても，「なんだか日本ばかり注文されている」と感じながらもなかなか十分に反論できない。

では，日本人には上手に意見を戦わせることは無理なのかというと，そんなことはない。日本人は生まれつき議論ができないわけではなく，アメリカ人だからといって全員が議論が得意なわけではない。人と議論することに対する拒否感があるのは，これまで議論に慣れる機会がなく，直接的な反論が奨励されてもいなかったからである。おしゃべりが得意な人が議論が上手かというと，そうではない。建設的な議論をすることはおしゃべりや口げんかとは異なり，頭の中の思考を整理し，人にわかる形で表現する，というスキルを必要とする。このスキルは何もせずに自然に身につくわけではなく，訓練を繰り返すことに身につけることができるものである。私たちが字を書けるのも，学校で習って

初めて書けるようになるのと同じである。

　この本では，ディベートを通じて議論する方法を学ぶ，ということを提案する。それは単に議論できるようになる，ということではなく，それに付随して証拠資料をリサーチする力，合理的に論点をまとめる力，それを人に伝えるコミュニケーションの力を身につけることを意味する。

　ディベートは，ある議題について肯定側と反対側が議論を戦わせるので，自分と異なる意見の人がいて，初めてゲームが成り立つ。つまり，相手と議論は戦わせるが，異なる意見の人の存在を否定しているわけではない。また，ディベートはゲームであり，ゲーム中に肯定と否定の役割が割り当てられているだけなので，「こんなに反論したら相手が気を悪くするのではないか」と心配する必要がない。ディベートは，人に「反論ばかりしてうるさいやつだ」と言われる心配なしに存分に議論の練習ができる方法なのである。

> **ディベートは，どんな相手とも対等にコミュニケーションを取るための訓練。**

この本のねらい

　一般的に，ディベート経験のない人がディベートを教えることは難しいといわれる。確かに，野球をやったことのない人が野球を教えるのは難しいだろう。しかし，現状では大半の人がディベートについてほとんど知識がなく，ディベート経験者は非常に少ない。これではディベート経験者がいないのでディベートの訓練が受けられず，ディベート経験者が増えない，という「ニワトリが先か卵が先か」のような議論になってしまう。そこで，この本ではディベート経験がない教員でも，「ディベートも面白いかもしれないな。ちょっとやってみ

| 第1章 アカデミックディベートのススメ | 第2章 ゲームとしてのディベート | 第3章 ディベートの流れをつかむ | 第4章 立論する（肯定側立論） | 第5章 反論する（否定側立論） | 第6章 リサーチをする |

| ディベートはリベート？ | ディベートで授業を変える | 「内」と「外」のコミュニケーション |

よう」と気軽に授業に取り入れられるように，段階をおって導入のアイデアを考案した。もちろん経験はあった方がやりやすいが，どちらも試行錯誤なら，学生と一緒に学んでいく，というのも1つの方法だろう。ディベートはもともと日常生活に必要なスキルをコミュニケーションのゲームとしておきかえたものだから，まったく特殊な技能というわけではない。この本では日常的な経験をディベートという形で生かせるよう工夫した。

　また，この本では「ディベートではこうしなければならない」という教え方よりも，学生が自分で「こういう方法もあるんだ」「こうするとうまくいくかもしれない」と気づいていけるように配慮した。ディベートは，人を型にはめるためのものではなく，創造力や思いがけないアイデアを育むものである。人とのコミュニケーションのために最大限に想像力・創造力を使う，というのは誰でももともと持っている力であり，それをのばしていくことがディベートに強くなることでもある。

　この本では，ディベートについて長々と説明する前に，実際にディベートを体験してもらいたい。そのために，各所に「プラクティス」を設け，簡単なことから練習しつつ進んでいけるようにした。そして，体験の中からディベートとは何なのか，ディベートで何が得られるのかを実感してもらいたい。なぜなら，この本の基本的アイデアは一方向的に説明するよりも，学生に自分で「気づい」て欲しい，ということだからだ。

この本の使い方

　この本では，1章ごとにプラクティスを取り入れ，易しい課題から難しい課題へ，少しずつ進んでいけるようにした。しかし，どういう授業で，どういう学生を対象に授業を行うかによって進み方が違ってくるのは当然なので，これを順番に導入しないといけないということはなく，このすべてを学ばないといけないということもない。ディベートの考え方だけわかればいい，という場合は前半のプラクティスだけ行って終わってもいいし，それはまどろっこしい，という場合はいきなりゲームから始めてもかまわない。実際，ディベートの授業の多くではゲームから始めることが多いだろう。

　第Ⅰ部は，「ディベートの理解」として，ディベートの考え方について解説した。第2章では，ディベートのコンセプトは異なる意見の人と話をすることであることを解説し，プラクティスを紹介した。異なる意見の人と議論を戦わせると何が起こるか，自分が異なる立場に立ってみるとどのように見方が変わるのか，などを体感してほしい。

　第Ⅱ部では，「ディベートの実践」として，実際に授業でディベートを行うための方法を解説した。最初は「夏休みは山へ行くべきか」や「お風呂は夜に入るのがいいか朝に入るのがいいか」など身近なトピックから入り，徐々にディベートの方法を学ぶ。3章では「ディベートの流れをつかむ」としてフロー・シートの書き方を解説し，4章「立論する」と5章「反論する」でそれぞれ肯定側・否定側の立論について説明した。ディベートでは，肯定側がプランを提示し，否定側がそれを否定する。その議論を構築するためのスピーチが立論である。4章では論題・プランの選び方についても触れた。ディベートではリサーチの方法を身につけることも重要な目的であるので，6章で「リサーチする」，7章で「エビデンスを使う」をテーマとし，情報収集の方法を解説した。8章「戦略を立てる」では反駁での議論について取り上げ，ゲーム全体で

| 第1章 アカデミックディベートのススメ | 第2章 ゲームとしてのディベート | 第3章 ディベートの流れをつかむ | 第4章 立論する（肯定側立論） | 第5章 反論する（否定側立論） | 第6章 リサーチをする |

| ディベートはリベート？ | ディベートで授業を変える | 「内」と「外」のコミュニケーション |

の作戦の練り方や質疑応答の方法について解説した。9章「試合をする」はディベート授業のまとめとしての試合を行う方法を解説した。ディベーター以外にジャッジや司会などの役を割り振って行う。説得的なスピーチの方法についても取り上げた。

第Ⅲ部では，「ディベートを活かす」として，ディベートの応用について考えた。10章「教育の中のディベート」では大学でのディベート授業導入の実践例を報告し，教育現場でディベート導入の際にはどのような点に注意したらいいのか論じた。11章「社会の中のディベート」では就職活動にディベートを活かす方法と，実際例としてコンサルティング業界でのディベートの活用について取り上げた。

ディベートには「これを学ばないといけない」というものが決まっているわけではなく，「ディベート」という言葉には日常の家族や友人との議論から，大統領選挙の公開ディベートのように大がかりなものまで，幅広い意味がある。ディベートは，議論の方法であると同時にコミュニケーションの方法であり，思考の方法でもある。この本では，ただディベートの方法・技術だけを伝えるのでなく，ディベートの考え方を順番に学んでいけるよう考慮した。

このように見てくるとお気づきだと思うが，この本は大学や高校の教員・学生を対象として，まったくの未経験者がディベートの考え方から学ぶためのものであり，ディベートの専門家を養成するためのものではない。この本ではなるべく1つずつステップを上がりながら，だれでも学べるように心がけた。

もし授業でディベートを学んだことを基礎として，ディベートに興味を持つことができたなら，ディベートのトーナメントに出場したり，社会人ディベートに参加するなどしてさらに追求するという方法もある。もちろん，授業だけで終わってしまってもかまわない。ディベートを学んだことがある，という経験は，地下水のようにずっと地下に眠っていても，どこかで地上に湧き出てくることがあるだろうから。筆者の願いは，ディベートをきっかけとして，言わ

| 第7章 エビデンスを使う | 第8章 戦略を立てる（反駁） | 第9章 試合をする | 第10章 教育の中のディベート | 第11章 社会の中のディベート | 付録・文献索引 |

この本のねらい　**この本の使い方**

れたことを鵜呑みにするだけでなく，自分の頭で批判的に考えることのできる学生が増えることである。

コラム1：「協調性」って何?

　よく人は協調性が大切であると言われます。就職活動を行うある学生が，志望企業から断られた際に「あなたは協調性が足りないかも知れないね」と言われて大変ショックを受けていました。でも協調性ってなんでしょうか？他人の顔色を伺い，同調して，摩擦の起きない環境を作り上げることでしょうか？これは旧体質の日本企業に多く見られます。私は協調性を下記のように定義しています。「言葉や感覚により相手の本質を見抜き，その場，その場で適切な対応を行える能力」。必要ならば，議論や反論をしながら相手のニーズを引き出し，それに適切な答えを提示してあげることです。皆，無意識に行っていることですが，日本の場合，議論や反論の部分は抜けてしまいます。不思議ですね（＾＾）。（ひらて　たかひさ）

第 2 章

ゲームとしてのディベート

ディベートを始める前の準備運動

　1章では「ディベートは日常生活の延長上にある」と述べた。しかし，ディベートの「肯定側，否定側に分かれる」「自分の意見とは関係なくクジで立場を決める」「議論の勝敗を決める」などのルールは，まだ多くの読者にとっては初めての経験だろう。もしかしたら，すでにディベートを体験した人の中には，ルールに馴染めずディベートに対して懐疑的になっている人もいるかもしれない。また逆に，ルールを守ることを意識しすぎて，型から出られなくなってしまうケースもよく見かける。

　この章では，ディベートのルールや形式がどういった意味を持つかを，日常生活の例から簡単に説明する。実際にディベートを体験していけばおのずと理解できることだが，五里霧中のまま急にディベートに入ってショックを受けるといけないので，水泳前の準備運動のような意味で，ぜひ一読をお勧めする。

　また，すでに「ディベートってあやしいな」

| 第7章 エビデンスを使う | 第8章 戦略を立てる（反駁） | 第9章 試合をする | 第10章 教育の中のディベート | 第11章 社会の中のディベート | 付録・文献 索引 |

| 「自分の意見」と「スピーチ」を切り離す | 形式に合わせて議論する | 思考力を集中トレーニングする |

とか，「日本にはディベートは合わない」など，ディベートに対して否定的なイメージを持っている人にも，この章はぜひ読んでいただきたい。

ディベートへの疑問

率直に言って，最初は「ディベートはとっつきにくい」と思う人も多いだろう。日常の会話と比べると，ディベートのルールは「そんなのおかしい」と思ってしまう部分も多い。まず，初めての人がなじめないと思われるディベートのルールを3つ列挙してみる。

1）肯定側と否定側に分かれて討論し，勝敗を決める。

「ある問題に対して，わずか2つの立場で白黒つけるのはおかしい。賛成や反対以外にも，『どちらでもない』や『わからない』という中間的な立場や，第3の意見の人だっているじゃないか。それに，議論に正しい，間違いはあっても，それを『勝ち』『負け』に結びつけるのはおかしい。」

2）「自分の意見に関係なく」立場を決められ討論する。

「自分の意見ではないことをなぜ話さなければいけないのか。自分の気持ちにウソをついているようで嫌だ。自分が本当に思っていることを話すほうが，正直に，気持ちを込めて話ができるのではないか？」

3）立論，反駁，質疑応答など制限を設けた討論の形式に従わなければならない。

「ディベートでは，決まった時間内に話さなければならず窮屈だ。そんなに話し上手な人ばかりではない。それぞれの時間で『やれ反駁せよ』とか『やれ質問せよ』とか指定が多くて複雑だ。もっと自由に議論をしたほうが，実のある議論ができるのではないか？」

実はこれら3つのルールは，ディベートが批判的思考力のトレーニングとして機能するために欠くことのできない要素である。ただし，ディベートを始める際に最初からすべてルール通りにしないといけないということはない。そこでこの章では，そのルールがそれぞれどういう意味を持つかを解説しながら，その意味を体験できるプラクティスを紹介する。最後には，初めのカルチャー・ショックが大きい人ほど，ディベートによる効果が高いことがわかるだろう。

白か黒か？　人工的に対立させるディベート

ディベートの重要な要素は「異なる意見と対立する」ことである。最もはっきりとした対立の状態は「真」か「偽」かである。例えば，「Aさんは正しい」と「Aさんは正しくない」は，同時に成立することは不可能である。完全に対立する意見を持つ者同士がコミュニケーションすると自然に討論は生まれる。討論しやすい状態を人工的に生み出すために，ディベートはある命題に対して「肯定側（〜である）と否定側（〜でない）に分かれて討論する」というルールを設けるのである。

討論，つまり「相手の意見を討つ」のだから「戦う」という意味になる。「〜である」と「〜でない」が戦えば，なぜそう主張するのかその理由を答えなければならず，反論に対しても答えなければならない。この対立の軸が鮮明であればあるほど，その間に起こる議論は深まっていく。

通常の討論との大きな違いは，勝ち負けのある「ゲーム性」である。ゲームの緊迫感が存在するからこそ，ディベートにおいて「負けまい」として，より強い理由づけを探し出すようになり，思考力が鍛えられ

| 第7章 エビデンスを使う | 第8章 戦略を立てる（反駁） | 第9章 試合をする | 第10章 教育の中のディベート | 第11章 社会の中のディベート | 付録・文献 索引 |

| 「自分の意見」と「スピーチ」を切り離す | 形式に合わせて議論する | 思考力を集中トレーニングする |

ていくのである。あくまでも，ある問題をはっきり単純に白黒つける意味は，対立性を高め，ゲームにするためにあるのだ。

　ディベートはあくまでも楽しみながら，思考力が鍛えられるゲームである。通常の討論とディベートの関係は，ボール遊びとサッカーの関係のようなものである。例えば，グランドにボールがあるとする。ボール遊びでは，みんながおのおの好きな場所に広がって，1つのボールを蹴り合う。グランドの西のほうにいる人，東の方にいる人，南の方にいる人，さまざまな場所にいるが，そこをボールは行ったりきたりするだけであり，そのボールの移動に意味は付与されない。だから，ボールさばきやキック力などはあまり問われない。しかし，このグランドを東西に分け，東に1つ，西に1つゴールを設け，西のゴールにボールが入ったら東の勝ち，東のゴールに入ったら西の勝ちと決めてしまえば，ボールが自軍のゴールに近づくとピンチとなり，そのボールをいかに思い通りに動かせるかを競うようになるだろう。つまりサッカーである。ただのボール遊びからサッカーが生まれたことにより，ボールさばきの技術が発達し，世界中で愛されるスポーツとして成長した。

　ディベートも同じように，「議論をする」ことから生まれたスポーツである。ディベートがスポーツ的になることで，ボールさばきの技術のように，議論をうまく行う技術が発達し，トレーニングとしても有効になった。

　だから，ディベートにおける「討論」は日常の議論とは異なる「ゲーム」としてとらえてみよう。そうすると楽しくなってくる。技術も向上してくる。そして，ある程度楽しめるようになってから，実際の議論に戻ってみよう。そうすると，これまで思ってもみないぐらい議論の流れが見えるようになるだろう。

| 第1章 アカデミックディベートのススメ | 第2章 ゲームとしてのディベート | 第3章 ディベートの流れをつかむ | 第4章 立論する（肯定側立論） | 第5章 反論する（否定側立論） | 第6章 リサーチをする |

| ディベートを始める前の準備運動 | ディベートへの疑問 | 白か黒か？人工的に対立させるディベート |

> ディベートは、議論をボールにしたゲーム。
> このゲームを楽しむ中で，自然に議論がうまくなる。

プラクティス 2.1 異なる意見の人と話す

　ふだん私たちは，周りの人と異なる意見をぶつけあう機会はあまりない。このプラクティスを通じて，異なる意見の人と議論をした場合，同じ意見の人と議論をした場合でどのように結果や感じ方が違うか，体験してみよう。
　このプラクティスは授業中に，全員で行うことができる。

（1）　議論のテーマを用意する。
　　　例）「高校の制服を廃止するべきだ」など。
　　　なるべく賛成・反対が半々になるようなテーマを考える。
（2）　そのテーマに対して，学生それぞれが「賛成」か「反対」かのどちらかの立場を選ぶ。
（3）　「賛成」と選んだグループ，「反対」を選んだグループに分かれる。教室の中で二手に分かれる。
（4）　「同じ意見の人と話す」賛成，反対のそれぞれのグループの中で2人組を作る。その2人組で，テーマについて話し合う。5～10分程度。出た意見を箇条書きにする。
（5）　「異なる意見の人と話す」今度は，賛成のグループ，反対のグループから1人ずつ出て2人組を作る。人数がアンバランスの場合には1対2で3人組のグループを作るなどして対応する。同様に，その2人組でテーマについて話し合う。出た意見を箇条書きにする。

　2人組での話し合いが終わったら，「同じ意見の人と話す」場合と「異なる意見の人と話す」場合のメリットとデメリットを全体で話し合ってみよう。また，出た意見の数は，同じ意見の人と話す場合と異なる意見の人と話す場合ではどちらが多かっただろうか。
　おそらく異なる意見の人と話すメリット・デメリットとしては，次のような違いが出るのではないだろうか。

メリット
　・議論が白熱する。
　・自分とは違った観点からの意見が聞ける。
デメリット
　・議論が収拾つかなくなる。

　ディベートでは，必ず「異なる意見の人と話す」ということが含まれる。通常の議論では，相手が自分の意見になかなか賛成してくれないと，いらいらするかもしれない。けれどディベートでは，異なる意見の人がいてくれないと議論が成り立たないのだ。つまり，異なる意見の人の存在を積極的に認めることになる。また，上記のプラクティスを通して，同じ意見の人同士で話し合っても，お互いに「うん，そうだね」と認め合うだけで新たな視点が生まれないことに気づくのではないだろうか。ディベートでは，異なる意見同士をぶつけさせることで，新たな視点が生まれ，より思考が深まる。

「自分の意見」と「スピーチ」を切り離す

　ディベートでは，肯定・否定のどちらになるかは通常くじ引きなどで決める。例えば，「原子力発電（原発）には絶対反対だ」と思っている人でも，ひとたびディベートのくじ引きで賛成側にまわったら，賛成の立場で話さなければならない。「自分の意見と違うことを言うのはウソをついているみたいだ」と抵抗を感じる人もいる。

　しかし，前節でも述べたように，ディベートは「ゲーム」であり，自分の意見をぶつけ合う実際の議論ではない。自分の意見とは独立して立場を決めるというルールもまた，ディベートを思考力のトレーニングとして機能させるのに重要な役割を果たしている。

　この役割を説明するために，1つ心理学の用語を紹介する。

| 第1章 アカデミックディベートのススメ | **第2章 ゲームとしてのディベート** | 第3章 ディベートの流れをつかむ | 第4章 立論する（肯定側立論） | 第5章 反論する（否定側立論） | 第6章 リサーチをする |

| ディベートを始める前の準備運動 | ディベートへの疑問 | 白か黒か？人工的に対立させるディベート |

　人間は，自分の頭に仮説があると，その仮説を支持する証拠だけに注意が向けられ，仮説を覆す証拠に注意がいかなくなる傾向を持っている。これは「確証バイアス」と呼ばれている。例えば，「Aさんが犯人ではないか」とひとたび思ったら，「そういえばAさんはこんなことをしたぞ」とAさんが犯人と思われる現象ばかりに目が行き，そうでない現象に目が行かなくなってしまう。そして「やはり思った通り，Aさんが犯人だ」となってしまうのである。過去，この確証バイアスによって，どれだけの人々がいわれのない罪を着せられ，処刑されたり，厳罰をうけたりしたかは，例をあげるまでもないだろう。最近では，松本サリン事件のマスコミ報道がよい例だ。ここまで極端な例でなくても，一度「原発は絶対にだめだ」と思ってしまうと，反対側の論点には耳を貸せなくなってしまうということはありがちだ。

　ディベートにおいて，くじで立場を決めるということは，「自分の意見」を一度頭から切り離すことを意味する。どんな意見を持っていても，その意見は一度棚上げしておいて，別の立場からものを考えるのだ。先ほどの例では，「Aさんが犯人じゃないか」と疑っていても，「Aさんは犯人でない」という立場で現象をもう一度洗ってみる。そうすると，「Aさんは犯人でない」ことを示す，見落としていた証拠に気づいたりする。

　原発に反対する場合でも，ひたすら自分の意見を述べるだけの議論よりも，相手の論点を理解し，それに的確に反論する方が説得的である。また，逆の立場になることで，それまで気づかなかった自分の意見の弱点に気づくこともある。

　くじで立場を決めることのもう一つの意味は，「自分の意見」とディベートでの「スピーチ」を切り離すことで，ディベートにおいての負けは，自分の意見の負けにはならなくなることだ。

　世の中には，自分の意見と人格を一体としてとらえている人も多い。自分の意見が否定されると，自分の存在が否定されたかのような気持ちになって，感情的に反発してしまう場合もある。しかし，ディベートでは，自分の意見とは

無関係に立場が決まるというルールが前提なので，そこでどんなに負けても，自分の意見の負けではなく，ただのゲームの負けだと思うことができる（それでも，負けることはくやしいと思うが）。自分の意見と立場をいつでも分離して遊ばせられるようになれば，思考が柔軟になるし，相手の意見に対する包容力も高まる。ディベーター同士では，ふつうに「結婚するより同棲の方がいいと思うな」という話をしていても，「どうして？　じゃあ私が賛成の立場になるからあなたが反対の立場になってみて」と議論が始まることもある。

　もちろん，くじでなくそれぞれの意見に基づいて肯定・否定の立場を決めることもできる。しかし，このルールなくしては，ディベートが生み出す複眼的思考や，批判的思考のトレーニングは完全には機能しない。だから，ディベートを楽しむときは，こだわりの考えは頭の奥にしまっておいて，楽しんだあとに取り出して見てみよう。今までの意見がまったく違ってみえるはずだ。

> ディベートでは，逆の立場になることで，確証バイアスから脱却できる。ディベートの負けは自分の意見の負けではない。

形式に合わせて議論する

　ディベートの大きな特徴に，時間制限や形式などのルールがある。ディベートでのスピーチには，立論，質疑応答，反駁と呼ばれる役割分担があり，それぞれのスピーチ時間が決まっている。立論は自分の意見を構築する時間であり，反駁では相手の議論に反論しながら議論を深める。質疑応答は，立論に対して質問を行う時間である。

　ディベートにおけるこの形式は，議論が深まり結論が出るという一連のプロセスを，単純なモデルにしたものである。ある意見が出されると，その意見に

| 第1章 アカデミックディベートのススメ | **第2章 ゲームとしてのディベート** | 第3章 ディベートの流れをつかむ | 第4章 立論する（肯定側立論） | 第5章 反論する（否定側立論） | 第6章 リサーチをする |

| ディベートを始める前の準備運動 | ディベートへの疑問 | 白か黒か？人工的に対立させるディベート |

対しての反論が生まれる。そして，その反論に対して，さらに反論が生まれる。そして，その反論が出され……。このサイクルはいつまでも続けることができる。ふだんの議論で「話が平行線をたどる」という状態を経験した人は多いのではないだろうか。それは，反論のサイクルが無限ループに陥ってしまった状態をいう。

　ディベートではこういった事態は回避されるようになっている。それは形式によって意見＝反論のサイクルが規定されるからだ。こうして形式を設けることによって，議論の流れは無駄のない，締まったものになりやすい。

> ディベートの形式は議論に収拾をつけるための方程式。
> この方程式に合わせて議論を行うだけで，自然に効率的な議論になる。

■ 思考力を集中トレーニングする

　もしあなたが，腕の筋肉をつけたいと思ったときはどうするだろうか？　日常生活でも腕の力を使うわけだから，日常の中でも筋力はアップする。しかし，集中的に腕の筋肉を鍛えたいと思った場合は，おそらく腕立て伏せなどの筋力トレーニングを行うだろう。こういった筋力トレーニングとは，人工的にあえて体の自由度を制限することで，集中的にある部位を鍛えるような運動である。こういった筋力トレーニングと同様，ディベートは，議論という自由度が高い行為に制限を加えることで，思考力という部分を集中的に鍛えるトレーニング方法なのである。だから，ディベートが持つ一つ一つの制限は，守ることに少しストレスを感じるからこそ，トレーニングとして機能しているといえるのである。

　ただ，冒頭の腕の筋肉と同様，もちろん，日常生活の中でも思考力は鍛えら

| 第7章 エビデンスを使う | 第8章 戦略を立てる（反駁） | 第9章 試合をする | 第10章 教育の中のディベート | 第11章 社会の中のディベート | 付録・文献索引 |

| 「自分の意見」と「スピーチ」を切り離す | 形式に合わせて議論する | **思考力を集中トレーニングする** |

れる。ディベートなど経験していなくても，これまでの日本には偉大な科学者など，思考力の高い人物はいた。ただ，日常生活には，その力を伸ばす機会を失わせるさまざまな阻害要因があり，この阻害要因のために日常生活だけでは，思考力が高まらないのである。特に，日本では反論を控える傾向があるため，この阻害要因は大きい。

しかし，欧米では，反論は日常茶飯事である。自分の意見をはっきりと述べることに価値がおかれているため，述べられないと逆に存在価値を疑われてしまう。こういった環境であれば，意見が違う人に出会えば，自分の意見を言葉として表現しようとし，それが議論の力をのばす結果へと繋がっていく。特に国際交流などの集まりで欧米と日本の学生の会議を行うと，議論の技術の差は歴然としていることに気づく。

あまり歩かない生活をしていれば，努めてジョギングをして運動を補うように，日常ではあまり議論をする機会がないからこそ，ディベートのような思考力のトレーニングを取り入れるべきなのかもしれない。

プラクティス 2.2 日常生活での議論をふりかえる

次のようなアンケートを実施して，それをもとに日常ではどのような議論を行っているか，ふりかえってみよう。日常では，あなたは他人と異なる意見をぶつけあうことはあるだろうか。それにどのように対処しているだろうか。

アンケート

［議論した場面］
1. この2週間の中で，誰かと議論（口論も含む）をしたことはありますか。その場面を思い浮かべてみてください。
(1) 議論をした「相手」と「内容」を書き出してみてください。具体的な名前を書かなくても，イニシャルなどでけっこうです。

	相手	内容	理由
1)			
2)			
3)			
4)			
5)			

(2) それぞれの議論の結果がどうなったかを、次の中からあてはまるものを選んで「結果」の欄に記号を書いてください。
　　ア) 結論がでなかった
　　イ) 相手の意見が通った
　　ウ) 自分の意見が通った
　　エ) 両者の最初の意見とは別の意見でまとまった

(3) その議論の結果に対する自分の評価を次の中から選んで、「評価」の欄に書いてください。
　　a) 非常に満足
　　b) やや満足
　　c) どちらでもない
　　d) やや不満
　　e) 非常に不満

2. この2週間で、本当は意見が違ったのだけど、なんらかの理由で相手にそれを伝えることができなかった経験がありますか？
(1) その時の相手（状況）と内容を書き出してみてください。

	相手	内容	結果	評価
1)				
2)				
3)				
4)				
5)				

(2) なぜ議論ができなかったのでしょうか？　次の中から選んでください。
　　A) 相手が先輩など目上の人だったから

第7章 エビデンスを使う	第8章 戦略を立てる (反駁)	第9章 試合をする	第10章 教育の中の ディベート	第11章 社会の中の ディベート	付録・文献 索引
「自分の意見」と「スピーチ」を切り離す		形式に合わせて議論する		思考力を 集中トレーニングする	

B)相手が気を悪くするかも知れないから
C)自分の意見に自信がなかったから
D)他にも人がいて, 意見を言うのがはずかしかったから。
E)それほど自分の意見にこだわりがなかったから。
F)その他

　アンケートの回答が終了したら, クラスの中でその結果について話し合ってみよう。人数が多い場合は, 5,6人程度の小グループに分かれて話し合うとよいだろう。そのなかで次の点に着目してみよう。

1.議論する相手には共通性があるだろうか。議論できない相手と議論しやすい相手は誰だろうか。
2.どういう結果の時に「満足」という評価が得られているだろうか。自分の意見が通った時だろうか。
3.議論ができないのは, どのような場合の時が多いだろうか。場面などに共通性はあるだろうか。

コラム2:先入観とのギャップ

　皆さんは, ディベートに対して, どんなイメージを持っていますか？　私がディベートを始めようか迷っていたとき, 反対した人達がいました。「気が強くなる」「理屈っぽくなる」「自分の意見ばかり押し通して, 相手の言うことを聞かなくなる」等々の意見がありました。でも, これらのことを言う人は皆, ディベートをよく知らない人達でした。そして, 実際にディベートの勉強を始めてみると, これらのイメージとまったく違っていたのです。ディベートを経験するとみんなアグレッシブ（攻撃的）になるわけではなく, 優しく穏やかな人もいます。何より, 相手の意見を聞かなければディベートは成り立たないのです。また, ディベートでは良い面・悪い面どちらの立場からも物事を見ることになります。ディベートを何でもっと早く始めなかったのだろう……という気持ちとともに, やってよかった！　と思ったものでした。（たどころ　まきこ）

「授業でのディベート風景」

第Ⅱ部
ディベートの実践

第 3 章

ディベートの流れをつかむ

　ディベートってどんなものだろうか。きっとまだイメージがつかめていないことだろう。第Ⅱ部では，具体的にディベートを行う方法を説明する。しかし，いきなりすべて形式に則って行う必要はない。まず第3章ではディベートの大まかな流れをつかんでみよう。

　ディベートはただ自分の意見を言い合えばいいのではなく，相手の言ったことに反応しながら，流れに沿って進んでいく。この章では，ディベートの流れについて説明する。

■ まずは話してみよう

　ディベートにはいくつかルールがあるが，最も基本的なルールは

　　基本ルール①　肯定側と否定側が交互にスピーチをする。
　　基本ルール②　肯定側と否定側のスピーチ時間，準備時間の合計は同じである。

ということであり，これだけがディベートの必要条件である。これらのルールは，ゲームとして肯定側と否定側の勝てるチャンスを同等にする，という目的で定められている。

| 基本的なルールを知る | フローを取る |

初期の練習段階では、短時間でできるディベートを行って、気軽に何回も練習できるようにするといいだろう。

ここでは、いくつか練習の方法を紹介する。ルールやスピーチの方法をしっかり学んでからでなければディベートはスタートできない、ということはなく、何はともあれまずやってみよう！

プラクティス 3.1 ランダム・ディベート

1. 話し合うトピック（論題）を決める。
2. グループを作る。1グループ12人以下とする。
3. くじなどで、グループの中でさらに肯定側と否定側、ジャッジの3グループに分かれる。
4. 肯定側、否定側の立論を1回ずつ行う。時間は7分。スピーチは、特にだれがどの順番で話すかを定めず、発言したい人が発言することができる。相手側のスピーチ中は静かに聞く。
5. 自由反論の時間。10分間。だれが話してもよい。肯定側、否定側のどちらがいつ話してもよい。
6. まとめの時間。5分。まとめの時間も特にスピーチする人は事前に定めない。ただし、準備時間中にある程度だれが話すか決めておいた方がよい。相手側のスピーチ中は静かに聞く。
7. ジャッジをしていた人たちから自由にコメントしてもらう。どの話がわかりやすかったか、どこがわかりにくかったかなど。

この進行形式は次のようになる。準備時間は各スピーチの前に2分間とし、合計で40分間となる。

　　　肯定側立論　　　6分
　　　否定側立論　　　6分
　　　自由討論　　　　10分
　　　否定側まとめ　　5分
　　　肯定側まとめ　　5分

これはまずディベートに慣れるためのプラクティスである。通常のディベートでは話者が決まっているが、このプラクティスの目的は、話者を定めず自由に発言する時

間を設けることで，緊張をほぐし，話しやすくしていることである。ディベートに慣れておらず，トピックに関する知識があまりない段階では1人で数分間しゃべり続けるのが難しい場合があるので，このように全員で話す方式から導入する，という方法がある。

プラクティス 3.2 ワンマン・ディベート

今度は1対1でディベートを行う方法を紹介する。

1. 論題を黒板に書く。それに対しての賛成意見と反対意見を，各自が自分のノートに書く。1人が両方の立場について書くこと。
2. 3人組を作る。肯定側，否定側，コメンテイター[1]になる人を1人ずつ決める。
3. 自分の書いた賛成／反対意見をもとに，スピーチの論点を定める。次のフォーマットでディベートを行う。準備時間は各スピーチ前に2分ずつとする。合計20分。

肯定側立論	3分
質疑応答	2分
否定側立論	3分
質疑応答	2分
肯定側反駁	2分
否定側反駁	2分

4. コメンテイターからコメントをもらう。

プラクティス3.1のように大人数で行うディベートだと，たくさんしゃべれる人，ほとんどしゃべれない人がでてきてしまうので，これは全員が話す練習をするためのプラクティスである。自分1人で何を話すかを考えることで，ゲームの全体を把握することができるという効果もある。1回の所要時間が短いので，いろいろなトピックで何回もチャレンジしてみてはどう

---
[1] 勝敗を決める人のことをジャッジと呼び，コメントをするだけで勝敗については決定しない場合にはコメンテイターと呼ぶ。

| 第7章 エビデンスを使う | 第8章 戦略を立てる（反駁） | 第9章 試合をする | 第10章 教育の中のディベート | 第11章 社会の中のディベート | 付録・文献索引 |

| 基本的なルールを知る | フローを取る |

だろうか。

　ここで「立論」と「反駁」と書いたが，立論と反駁の違いは立論では何を言ってもよいが反駁ではまったく新しい意見を出すことはできない，という点である。ただ最初のうちはそれほどこだわらず，反駁は「まとめの時間」と覚えておくとよいだろう。立論と反駁についてはまた後で触れる。

フォーマットを決める

　2章で紹介したように，ディベートではそれぞれがどういう順番で何分スピーチをするかなどが決まっている。このディベートの進行に関するルールをフォーマットという。フォーマットは大会によって異なるが，代表的なフォーマットを次に紹介する。

ディベート甲子園

肯定側立論	6分
質疑応答	3分
否定側立論	6分
質疑応答	3分
否定側第1反駁	4分
肯定側第1反駁	4分
否定側第2反駁	4分
肯定側第2反駁	4分

　準備時間は，各チーム1分ずつ2回までとることができる。合計38分。中学・高校の教室ディベートはこの形式で行われることが多い。50分の授業で行う場合は，このフォーマットか，もう少し短くしたフォーマットがよいだろう。準備時間は，初めのうちは1分では短すぎる場合があるので，2分か3分にし

てもよいだろう。

大学のESS（English Speaking Society）
肯定側第1立論	8分
質疑応答	4分
否定側第1立論	8分
質疑応答	4分
肯定側第2立論	8分
質疑応答	4分
否定側第2立論	8分
質疑応答	4分
否定側第1反駁	4分
肯定側第1反駁	4分
否定側第2反駁	4分
肯定側第2反駁	4分

　準備時間はフレックス制で，それぞれのチームが合計10分間をスピーチ前にとることができる。初めてディベートを行う場合には，フレックス制にすると前半に準備時間をとりすぎてしまって後半で時間がなくなるおそれがあるので，最初は固定制の方がよいだろう。合計84分。授業で行う場合にはこのフォーマットは長すぎるので，短くする必要がある。

大学用
筆者が大学の授業中に行う場合には，次のフォーマットを用いた。
肯定側第1立論	5分
質疑応答	3分
否定側第1立論	5分
質疑応答	3分

肯定側第2立論	5分
質疑応答	3分
否定側第2立論	5分
質疑応答	3分
否定側第1反駁	3分
肯定側第1反駁	3分
否定側第2反駁	3分
肯定側第2反駁	3分

準備時間は，各スピーチの前に2分間の固定制とした。ただし，否定側第1反駁の前には準備時間がない。よって，合計で56分となる。ジャッジ・シートの記入，コメントの時間などを含めると90分の授業でちょうど収まるぐらいである。

基本的なルールを知る

基本ルール③　肯定側がプランを出す

ごく当たり前のルールだが，たまにプランを言うのを忘れる人がいるので注意しよう。肯定側が「私たちは……のプランを提案します」と立場を明らかにして初めてそれについての議論ができるわけである。なお，論題＝プランではない。これは4章で説明する。

基本ルール④　メリットとデメリットを比較する

ディベートの勝敗は，基本的にある「プラン」についてのメリットとデメリットを比較し，上回っている方を勝ちとする。ただスピーチが上手か下手かで決めるのでなく，その「内容」が問題なのだ。メリット，デメリットについては4章と5章で説明する。

基本ルール⑤　立論と反駁：反駁では新しい議論を出さない

　基本的に，新しい議論は立論で出し，反駁ではそれまで出た議論について反論したり比較したりする。これは，途中から新しいことを言われても，それに十分に反論する時間がなくなってしまって不公平になるからである。例えば，最初では「環境保護は一番大切だ。貴重な種を絶滅させてはいけない」と言っていたのに，途中から「環境保護より経済的発展の方が大切だ」と言い出すと混乱してしまうだろう。立論については4，5章で，反駁については8章で詳しく述べる。

基本ルール⑥　相手を説得するのでなく，ジャッジを説得する

　スピーチをする時には，対戦相手でなく真正面のジャッジを見ながらスピーチしよう。ディベートでは，相手は決して立場を変えることはない。急に賛成から反対に変わったら，ディベートができなくなってしまう。ジャッジを説得するのがディベートの基本ルールである。

基本ルール⑦　反論しないのは，認めたこと

　ディベートでは，肯定側と反対側が交互に反論しながら議論が進んでいく。その中で，反論しなかったことについては認めたものとしてみなされる。こうして，何回かスピーチを繰り返すうちに議論が収束していく。大事なポイントは反論を忘れないように気をつけよう。

基本ルール⑧　質疑応答の質問する側は，質問だけ行う

　最初のうちはついつい自分の意見を言ってしまいがちだが，質疑応答の時間は基本的にわからないことを尋ねる場であるため，質問する側は質問だけを行い，自分の意見を述べない。質疑応答については8章で詳しく取り上げる。

フローを取る

　試合の中でディベートの流れを常につかむためには,「フロー・シート（以下,フローと略す）」と呼ばれるものを書きながら行うことが有効である。ここから,フローの取り方について説明する。フローはゲームの流れを記録するためのものであり,ジャッジもフローをもとに勝敗を決める。

　フローの考え方は,ディベートだけでなく,レポートを書くときなど日常生活でも活用することができるだろう。友達と話をしていると,さっきまでは昨日見た映画の話をしていたのに,いつのまにか最近のバーゲンの話になったり,彼氏の話になったりで,あれ,さっきは何の話だったっけ,と忘れてしまうことがあるのではないだろうか。フローを取っていれば,どこで話がずれたのか一目瞭然である。フローを取ることによって,今何が議論されているのか,何がポイントであるのかがわかりやすくなる。話があちこちに飛んで終わらない会議などに応用してみてもいいかもしれない。

> **フローでゲームの流れをつかむ。**

◆ フローの基本的な取り方

1. まず,A3かB4程度の白い紙を用意する（大きい方が書きやすい）。
2. この紙を折って,スピーチの回数分だけひだを作る。例えば,それぞれ立論が2回,反駁が2回で合計8回のスピーチの場合には,ひだが8つになるように折る。
3. 肯定側・否定側の提出したメリット,デメリットごとに1枚の紙を使う。例えば,1つのプランについてメリットが2つ,デメリットが1つ提出された場合には,全部で3枚の紙が必要になる[2]。

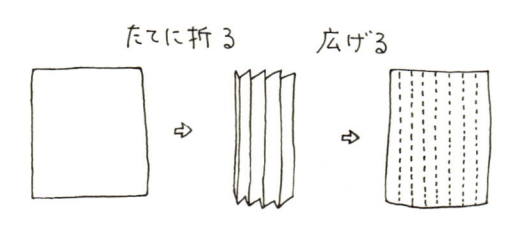

4. 1回のスピーチを1つのひだに順番に上から書いていく。
5. 関連する議論を線で結ぶ。
6. まず，肯定側第1立論をメリット用の紙の1つ目のひだに書いたとする。否定側第1立論で否定側がメリットを攻撃し，さらに新たなデメリットを提出した場合。メリットに対する反論は，メリット用の紙の2つ目のひだに記入する。新たなデメリットは，デメリット用の紙の1つ目のひだに記入する[3]。

❖ フローの例

それでは，例として実際のゲームの流れを見てみよう（38, 39ページ参照）。これは，「風呂に入るのは夜より朝の方がよい」というテーマで行われたディベートである。

上部は朝入ることのメリット，下段は夜入るメリット，つまり朝入るプランに対するデメリットとなっている。この例ではスペースの都合上1枚の用紙にメリットとデメリットの両方がのせてあるが，実際には別の用紙に書いた方がよい。それぞれのスピーチの横に番号が書いてあるので，その番号を参照しつつ解説する。

(1)で「寝ぐせが直る」に対して，否定側第1立論の（4）で「ムースをつければよい」という反論が出ている。このように，ある議論に対する反論を→でつないでゆく。

(8)で「おふろはリラックス効果があるが，朝入るとゆっくりできない」と

---

[2] （前頁）ただし，時間が短いディベートの場合や紙が足りない場合は1枚の紙に全部書く場合もある。
[3] 肯定側は当然デメリットは提出しないため，否定側第1立論で提出されたデメリットが1つ目のひだとなる。

言っているのに対し，次のスピーチで（13）「リラックスならアロマテラピーなど他の方法もある」と反論しているが，これは有効な反論ではない。朝入るとゆっくりできない，という否定側の言い分自体には反論していないからである。この場合，「朝早く起きれば，むしろ朝の方がゆっくりお風呂に入れる」など，否定側の言い分を逆転させるような議論の方が強い（Turn Around，ターン。ターンについては4章で再び触れる）。

　(6)では，「朝シャンは抜け毛が増えるから廃れたのだ」という意見が出て，これに対して「それはただのうわさ」(12)という反論があるが，科学的根拠のないまま言い争ってもただの水掛け論になってしまうので，このような場合には何かエビデンスが欲しいものである。エビデンスについては第7章で解説する。

◆フローを取る際のポイント

　①ナンバリング──スピーチに，番号をつける

　a，b，cなどの記号や数字を用いていくつの論点があるのかをわかりやすくする。これは，スピーチする方も気をつけてナンバリングしながら話すように努力する必要がある。例えば，「このプランのメリットは3つあります。1つ目は……」など。

　②**略語を用いる**

　速記などの技術がないかぎり，相手が話したことをそのまますべて書くことはまず不可能である。キーワードになる重要な言葉はゲームの中で何度も出てくる。これを，略語を決めて，短く書くようにしよう。例えば，下の例ならば，お風呂をF，シャワーをSと略すこともできるだろう。英語のディベートでは，関連がないことをNo Linkage→N/L，相手の議論をひっくり返すことをTurn Around→T/Aと略したりする。

| 第1章 アカデミックディベートのススメ | 第2章 ゲームとしてのディベート | **第3章 ディベートの流れをつかむ** | 第4章 立論する（肯定側立論） | 第5章 反論する（否定側立論） | 第6章 リサーチをする |

| まずは話してみよう | フォーマットを決める |

朝派1立	夜派1立	朝派2立
お風呂に朝入ると…		
1．寝ぐせが直る（1） →	1．今はムースなどが良くなっているからムースをつければよい（4）	1．夜入ると半乾きになって，寝ぐせが付く（9）
		2．ムースをたくさんつけると髪がごわごわする（10）
2．気分がよくなって，目が覚める（2）	2．髪の健康という点からは，夜入った方がよい。油が取れた方がいいから（5）	
3．時間の節約になる。飲み会の帰りなどめんどうだ（3）	3．朝シャンが廃れたのは，朝シャンは抜け毛が増えるから（6）	3．ぬれたまま寝ると髪のダメージになる（11）
		4．抜け毛と朝シャンは無関係。ただのうわさ！！（12）
	朝は沸かすのに時間がかかるから，かえってめんどう。学校に行くのが遅くなる（7）	

お風呂に夜入ると…

| | リラックス効果がある。朝は時間が無いからゆっくりできない（8） → | リラックスなら，アロマテラピーなどいろいろな方法がある（13） |

図3-1　フロー・シートの例

| 第7章 エビデンスを使う | 第8章 戦略を立てる（反駁） | 第9章 試合をする | 第10章 教育の中のディベート | 第11章 社会の中のディベート | 付録・文献索引 |

| 基本的なルールを知る | **フローを取る** |

夜派２立　　　　　　　　　　　　夜派反　　　　　　　　　　　　朝派反

夜派２立:
1. ドライヤーをかけてから寝ればよい（14）
2. 寝ぐせを直すムースもある（15）

朝派反:
1. ドライヤーをかけるのは，めんどうだし，髪が痛む（23）
2. ムースをつけると髪がごわごわする（24）

抜け毛が増えるという根拠がない（25）

夜派２立:
一日の汚れはその日の内に落とした方ががよい（16）

廃れたことには理由があるはず（17）

夜派反:
お風呂には２つの役割がある
1. 汚れを落とす
2. リラックスする
（19）

1. の汚れを落とすことについては，汚れをそのままにするのは気持ち悪いから，夜お風呂に入って清潔にした方がよい（20）

朝派反:
肯定側の言っていることの方が信憑性がある。朝お風呂に入れば，眠気が覚めてすっきり（26）

夜派反:
2. のリラックスについては，夜の方が時間もあって，リラックスできる（21）

だからどちらの面からも夜入ったほうがよい（22）

アロマテラピーなどはやる人が少ない。お風呂は誰でも入る（18）

③エビデンスは括弧の中に書く

エビデンス（資料）を用いる場合には，クレーム（ディベーターの主張）とエビデンスの部分に分かれるが，エビデンスの部分は，（　），[　]などの記号を用いて，その中に書くとよい。それによって，どこまでがクレームでどこまでがエビデンスなのか，区別をつけることができる。

コラム3：広がるネットワーク

　大学ESSのディベートでは，その活動範囲は全国各地に広がっています。大会があるといろいろな土地へ出かけていき，全国の大学から集まった大勢の学生と対戦します。好敵手となったり，情報収集の仲間となったり，どんどん人の和が広がっていきました。また，いくつかある学生によるディベートの連盟が，春休みや夏休みに各地でセミナーを開催します。全国から集まる1,2年生のディベーターに，先輩ディベーターが丁寧に指導してくれます。2泊3日寝食を共にしつつ，ディベートの勉強をしたり，徹夜で練習試合の準備をしたり，語り合ったりする中で芽生える友情は他には代えがたいものとなりました。全国各地に友達のいる楽しさは素晴らしいものです。大学を卒業した後もずっと続く，人生で大切な親友もできました。就職して遠くの土地に移る人も，ディベート仲間と引っ越し先で再会し，心強い思いをすることがあるようです。
　（たどころ　まきこ）

名古屋のディベート大会

| 第7章 エビデンスを使う | 第8章 戦略を立てる（反駁） | 第9章 試合をする | 第10章 教育の中のディベート | 第11章 社会の中のディベート | 付録・文献 索引 |

基本的なルールを知る　　**フローを取る**

第 4 章

立論する(肯定側立論)

　3章ではディベートのおおよその流れについて解説した。この章では，肯定側の議論の展開を考えてみよう。ディベートでは，最初に大まかなトピック（論題）が決まっているが，どうやってその論題をサポートするかは肯定側にまかされている。説得的な議論を展開するためには，論理的でわかりやすい立論が必要である。

リンクマップを作る

　プランをとると，どのようないいことがあるのだろうか？　まずは，自由な発想で考えてみよう。リンクマップとは，思いついたアイデアをまとめるための方法である。1人ではいいアイデアが思い浮かばない時は，数人でブレインストーミングを行うのもよいだろう。ブレインストーミングとは，みんなが思いつくままに自分のアイデアを言い合う議論の方法で，なるべく自由な発言ができる雰囲気を作る。他の人の発言に対して，否定的なコメントは控えるようにする。

　いったんアイデアを出してから具体的な立論作りに入ることによって，重要性が高かったり，デメリットが出にくいなどよいメリットを選択することができる。

| 第7章 エビデンスを使う | 第8章 戦略を立てる（反駁） | 第9章 試合をする | 第10章 教育の中のディベート | 第11章 社会の中のディベート | 付録・文献索引 |

| メリットへの反論 | 論題・プランを選ぶ |

> ブレインストーミングで自由なアイデアを出し，
> それをリンクマップにまとめる。

プラクティス 4.1 リンクマップを作る

　山田家では，連休中のプランについて相談しています。お母さんは，今年は「山にキャンプに行きたいわ」と言い出しました。それに対し，お父さんは，「そんなのめんどうくさいよ。家にいる方がいい」と言っています。お母さんは，どうやってお父さんを説得したらいいでしょうか。

　　*このプラクティスを始める前に，5，6人ぐらいのグループを作る。

1. リンクマップを作る

　プランをとること（この場合は山にキャンプに行くこと）によって，どういう変化が生まれるか考える。その中で，いいことと悪いことはどれか。リンクの一番最後の項目について，いいことは赤で，悪いことは青で丸で囲む。

2. その中で，最後が赤で囲んである1つのリンクを選んで，流れを書き出してみよう。

例：
（1）山にキャンプに行くと，自然の美しさに触れることができる
（2）自然の美しさに触れると，心が大きくなる
（3）すると，ふだん家では話さないような悩みごとなども，素直に話せてしまう
（4）家族の絆が深まる

　リンクマップを作るときには，途中にどういうステップがあるのか考えながら，段階を追ってリンクを作ってみよう。例えば，上の例でもし3番目のステップがなくて「自然の美しさに触れる→家族の絆が深まる」だけだったら，どうしてそうなるのかわからないだろう。

　リンクマップを作ると，プランをとるとどういう変化が生まれるか，考えや

| 第1章 アカデミックディベートのススメ | 第2章 ゲームとしてのディベート | 第3章 ディベートの流れをつかむ | **第4章 立論する（肯定側立論）** | 第5章 反論する（否定側立論） | 第6章 リサーチをする |

リンクマップを作る　　立論の構成

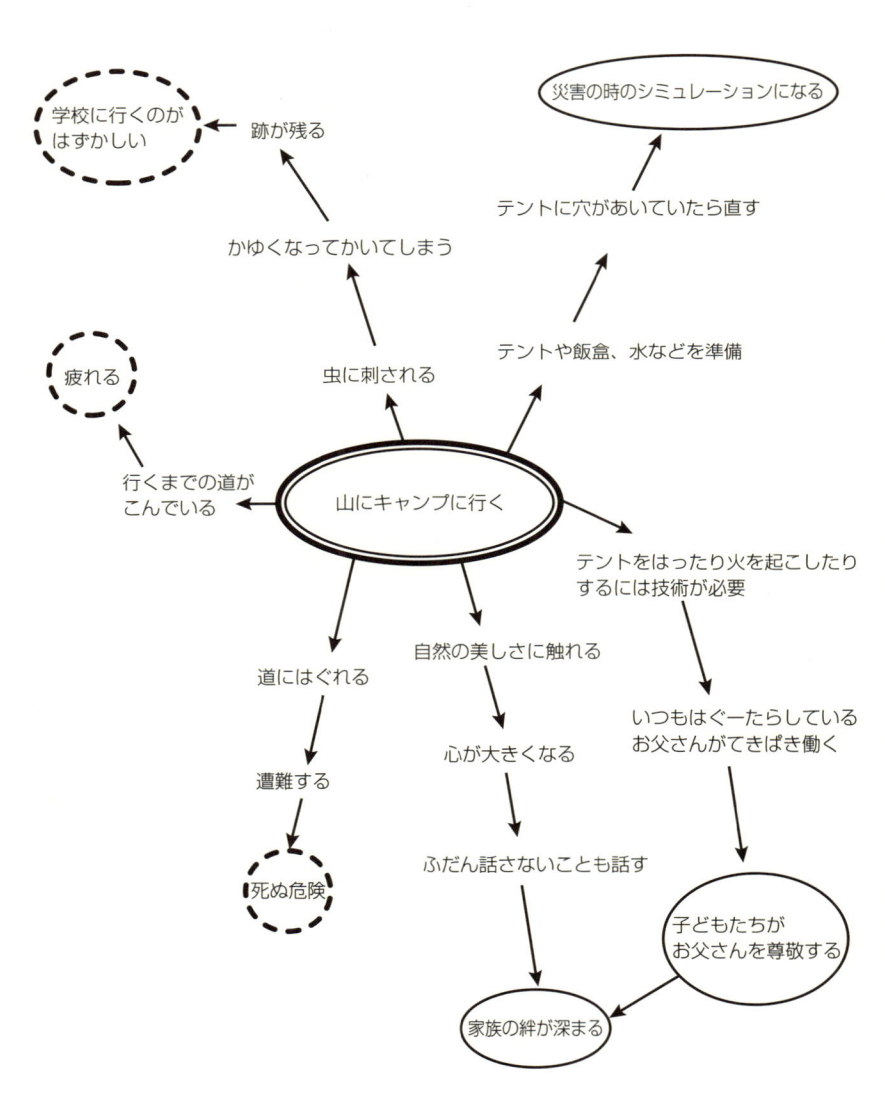

```
学校に行くのが        跡が残る                      災害の時のシミュレーションになる
はずかしい     ←
               ↖                                    ↗
                 かゆくなってかいてしまう      テントに穴があいていたら直す
                          ↑                          ↗
                       虫に刺される         テントや飯盒、水などを準備
  疲れる                      ↖              ↗
    ↑                          ↖            ↗
  行くまでの道が         ←   山にキャンプに行く   →   テントをはったり火を起こしたり
  こんでいる                  ↙    ↓    ↘              するには技術が必要
                         ↙       ↓       ↘                    ↓
                    道にはぐれる  自然の美しさに触れる    いつもはぐーたらしている
                         ↓          ↓                    お父さんがてきぱき働く
                      遭難する   心が大きくなる                 ↓
                         ↓          ↓                      子どもたちが
                      死ぬ危険   ふだん話さないことも話す    お父さんを尊敬する
                                    ↓                          ↙
                                家族の絆が深まる
```

図4-1　リンクマップの例

| 第7章 エビデンスを使う | 第8章 戦略を立てる（反駁） | 第9章 試合をする | 第10章 教育の中のディベート | 第11章 社会の中のディベート | 付録・文献索引 |

メリットへの反論　　　論題・プランを選ぶ

すい。直接的な影響だけでなく，ワンクッションおいて何かが起こるかもしれない。また，メリットのつもりで作っていたら，途中でデメリットになった，ということもありうるだろう。

> リンクマップを使って，メリット／デメリットまでの
> ステップを考える。

プラクティス 4.2 お母さんの説得

1. 上で作成したリンクの流れの中から，重要そうなもの，あるいはおもしろいものを1つ選ぶ。
2. 上記の山田家の例で，自分がお母さんの立場で，他の人がみんなお父さんの立場だとして，説得してみよう。1人ずつ順番に，リンクを使って「山へ行くとこういういいことあるよ。だから山にキャンプに行きましょう」と説得を試みる。その時，次の3点を含むように注意して話をしてみよう。
   - （1）なぜそうなるのか
   - （2）そこで得られるメリットは非常に重要だ
   - （3）山にキャンプに行けば，そのメリットが得られる
3. 他の人は，スピーチを聴きながら，メモをとる。
4. スピーチが終わったら，周りの人から質問する。「なぜそのメリットは大事なの？」などどんどん追求してみよう。

なぜ重要性を強調するかというと，最終的にディベートの勝ち負けを決めるのは，メリットとデメリットの大きさの比較だからである。自分が何かの行動をとるかどうか決める場合も，きっと無意識のうちにメリットとデメリットを比較して考えているだろう。政府が何らかの政策をとるかどうか決める場合にも，その政策をとった場合のメリットとデメリットを比較して決定する。同様に「このプランをとりましょう」と人に説得するときは，それによって得られ

るメリットが重要である，ということを印象づけることが必要である。

また，なぜそのメリットが得られるのか，ということとプランをとればそのメリットが得られる，ということはそれぞれ発生過程と解決性という。重要性を含めてこの3点はディベートの立論に必要な要素である。次に，立論の構成を説明しよう。

肯定側立論の3要素：発生過程・重要性・解決性

立論の構成

人に対して，こういうプランをとりましょう，と説得したい場合に，どのように説明するとよいのだろうか。まずは，「今こんな問題があります」と説明するところから始めるのではないだろうか。問題があるからこそ何かのアクションが必要なわけだ。そして，プランをとればその問題は解決する，ということが説明できればさらに説得性が増す。

政策について論じるディベートの場合，次のような構成になっていることが多い。

1. **発生過程**（内因性, Inherency）　現在，こんな問題がある。
   ↓
2. **重要性**（Significance）　その問題は，こんなに深刻である。
   ↓
3. **プラン**　だから，このプランをとりましょう。
   ↓
4. **解決性**（実行可能性, Solvency, Feasibility）　肯定側のプランをとれば，

1.で述べた問題は解決される。

「現在こういう問題があって，それはこんなに重大な問題です。だから，このプランをとりましょう。そして，プランをとればこの問題は解決できる」という順序の説明となる。一般的に政策は現状に何らかの問題があって，だから何かの政策をとる，という場合が多いのでこのような説明方法となる。「山へ行こう」プランの場合には現状に問題があるため行うのではないが，基本的な構成方法は同じで，この場合はなぜそのメリットを得られるのか，という説明が発生過程となる。もちろん，立論の構成は必ずこの順序でなければならないわけではなく，必ずしもこの3要素が必要でない場合もある。

例えば，「原子力発電を廃止する」という論題の場合，次のような構成が考えられる。

1.発生過程
(1) 現在，日本には多くの原子力発電所が存在する。
(2) 原子力発電所には事故が発生する危険がある。その原因としては，人的エラー，地震，飛行機の墜落などが考えられる。

2.重要性
(1) 原子力発電所で事故が起こると，炉心融解の危険がある。非常に大きな災害が発生する可能性がある。
(2) その場合，△△人の命が失われる危険がある。また，ガンや白血病の発生率が高くなる。

3. プラン

日本のすべての原子力発電所を廃止する。

4. 解決性

(1) 原子炉の廃止は安全に行うことができる。
(2) 廃止された原子炉から放射能が漏れることはない。
(3) 原子力発電所をなくせば，原子力発電所での事故はいっさい起こらない。

◆ メリットとデメリットの比較

先ほど述べたように，最終的にディベートの勝ち負けを決めるのは肯定側の出したメリットと否定側の出したデメリットのどちらが大きいか，という点である。肯定側は第1立論でメリットを提出する。否定側は，否定側第1立論で肯定側のメリットをアタックすると同時に，独自のデメリットを提出する。こうしてお互いに相手のメリット／デメリットをアタックしあいながら，最後にどれぐらい残ったかを比べるわけである。

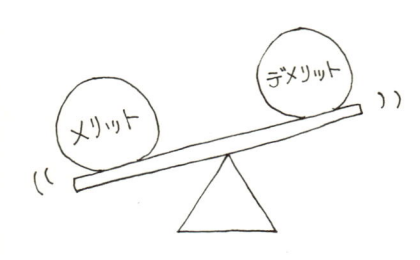

メリットの大きさについて考えるときに大事なのは，メリットは，ただ単に起こる出来事の大きさ（重要性）によって決まるのでなく，重要性とそのことが起こる確率をかけあわせることによって決まるということである。

━━━━━━━━━━━━━━━━━━━━━━━━
メリットの大きさ＝重要性×確率
━━━━━━━━━━━━━━━━━━━━━━━━

例えば，先ほどの原発事故の例では，原発事故が起きると何万人もの人が死んでしまうと言うと，非常に大きな問題のように見える。けれど，それがどれぐらいの確率で起きるか考えてみよう。もし確率が100万年に1回起きる程度

| メリットへの反論 | 論題・プランを選ぶ |

ならば，実はそんなに深刻に考える問題ではないかもしれない。逆に，人権侵害の場合などは，人が死ぬことよりもインパクトが小さく見えるかも知れないが，確率が100％なら重要性は大きいといえる。

否定側のデメリットについても同様に，デメリットの大きさはやはり起こる出来事の大きさ（深刻性）と確率をかけたものになる。

相手のメリット／デメリットを攻撃する時には，重要性の大きさだけでなく，そのことの起こる確率がどれぐらいあるかということにも着目してみよう。これは，日常の議論の中でも見落としがちな点である。

❖ 発生過程と解決性の違い

発生過程：現在の問題を説明。こういう原因からこういう問題が起こっています，ということを示す。
解 決 性：プランをとれば問題がなくなることを説明。

現在こういう問題がある，というのを示すだけでなく，プランをとれば問題が解決する，というところまでを示すのが肯定側の役目である。例えば，発生過程で示した原因以外にもたくさん原因があれば，1つの原因だけ解決しても問題がなくならないかもしれない。ただし，1つ原因がなくなることによって問題が少なくなるのなら，その分はメリットとしてカウントすることができる。例えば，原発の例では1つの原発を廃止しても他の原発がある以上事故のリスクは完全にはなくならないが，少なくとも廃止した原発についてのリスクは下がるわけであり，それはメリットとしてカウントできる。

問題の原因とその解決方法とはもともとつながっていることなので，発生過程と解決性では同じようなことを言う場合もあり，何が発生過程で何が解決性と言えばいいのか迷う場合もあるだろう。基本的には，発生過程とはプランをとる前の状態であり，解決性とはプランをとった後の状態のことを指す。現在の世界と，プランをとった後の世界という2つの世界があると想像してみよう。

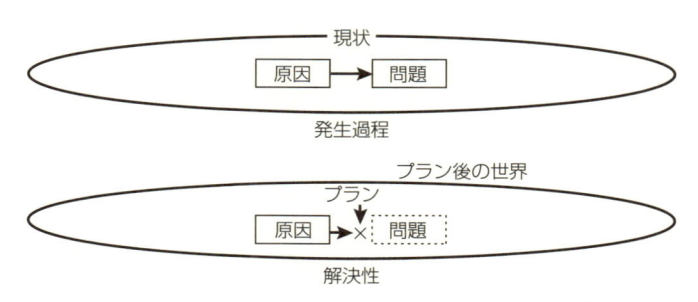

図4-2 発生過程と解決性

発生過程は，プランをとる前の世界，つまり現在の世界について説明している。解決性は，プランをとった後の世界のことを説明している。つまり，肯定側の仕事はプランをとる前の世界とプランをとった後の世界を比べて，プランをとった後の世界の方がいいですよ，と証明することなのだ。否定側は，逆にプランをとる前の世界の方がいいですよ，と主張する。

> メリットとデメリットの比較は，
> プラン前とプラン後の世界を比較することと同じ。

■ メリットへの反論

プラクティス 4.3

このプラクティスでは，肯定側の言ったメリットは本当に重要なのか，本当にプランによって得ることができるのか，厳しくチェックしてみよう。それによって，肯定側の言ったことが発生過程，重要性，解決性の3要素を満たしているか検証できるだろう。

| 第7章 エビデンスを使う | 第8章 戦略を立てる（反駁） | 第9章 試合をする | 第10章 教育の中のディベート | 第11章 社会の中のディベート | 付録・文献索引 |

メリットへの反論　　　論題・プランを選ぶ

1. プラクティス4.2で，グループの中でそれぞれ隣の人の言ったことについて反論を考える。プラクティス4.2のメモを見直して，隣の人の述べたメリットは，山にキャンプに行くことによってほんとうに得られるのか，そのメリットは重要なことなのか，考えてみよう。（ここで隣の人，としているのはグループの中で全員が全員に反論することは時間的に難しいことを想定したためである。このルールはフレキシブルに変更可能）
2. 順番に，隣の人のメリットに対する反論を述べる。ぐるっと一回りする。反論の前に質問の時間を設けるのもよいだろう。

　最初は，他の人の言ったことはもっともに聞こえて，反論を考えるのが難しいかもしれない。けれど，このプラクティスをやってみると案外どんなことでも反論は可能だということに気づくのではないだろうか。頭をやわらかくして挑戦してみよう。

　例えば，さっきの「自然の美しさに触れる→家族の絆が深まる」というメリットの場合，次のような反論が考えられる。

①キャンプ場にも不心得者がごみをたくさん捨てているので，自然の美しさに触れるどころか，キャンプ場の醜さに幻滅してしまう。よって，心が大きくなるどころか，不快感が増して家族関係がぎすぎすしてしまう。
②慣れないキャンプ場で食事のしたくをしたりばたばたしているので，のんびり話をするひまなどない。
③家族の絆が深まっても，一時的なもので，都会にもどればキャンプ場での出来事など忘れて，また自分のことしか考えなくなってしまう。

　では，それぞれの反論がどういう意味を持つか，見てみよう。

| リンクマップを作る | 立論の構成 |

1）話をひっくり返す——ターン（Turn Around）

　反論①は，肯定側の出しているリンクをまったく逆にしている。肯定側は，キャンプに行くと自然の美しさに触れて心が大きくなると言っているのに対し，否定側はかえって幻滅して家族関係が悪くなると言っている。このように，いいことを悪いことに，悪いことをいいことにひっくり返してしまうことを**ターン**（ターン・ザ・テーブル・アラウンド, Turn Around）という。この場合，メリットであったはずのものがデメリットになっている。

　ターンは，話の流れ（リンク）をひっくり返す場合と，重要性をひっくり返す場合がある。上の例は話の流れに対するターンになる。重要性に対するターンは例えば「家族の絆が強くなるのはよくないことだ」となるだろう。重要性に対するターンはふつういいことと考えられていることを悪いと言うので，たまに非常にユニークなターンがある（コラム8参照）。

　ターンは，非常に強い議論である。否定側はターンをうまく使うことによって，デメリットを提出しなくてもターンだけでメリットをひっくり返して勝つこともできる。ターンは肯定側が出すこともできるので，デメリットに対してターンを出して，メリットにしてしまうこともできる。出された方は注意して，ターンに対しては確実に反論することが必要である。

2）メリットは得られるか？——**解決性がない**（No Solvency）

　反論②は，プランによって本当にメリットが得られるか，ということのチェックであり，解決性に対するアタックとなっている。この場合は，「時間がないからムリ」という主張になっている。プランをとってもメリットを得られないならばメリットがゼロになってしまうので，肯定側にとっては大問題である。

メリットを得ることは「完全に不可能だ」ということを証明できれば、それだけでも否定側は勝つことができる。メリットとデメリットが両方ゼロの場合には、「否定側の勝ち」というのがルールとなっている。なぜなら、何らかのアクションを起こすには何らかの労力が必要であると考えられるので、プランをとってもとらなくても同じならばとらないことにしましょう、と決められているからだ。

> **基本ルール⑨　メリットもデメリットもゼロの場合は，否定側の勝ち**

3）メリットは一時的——時間的枠組み（Time Frame）

③はいつメリット／デメリットが得られるのか、という時間的な枠組みに関する議論。今回は、「メリットが得られるのは一時的なことだ」と主張している。いつ、ということは見落としがちだが、メリットとデメリットを比較する際には時間のことも考えてみよう。メリットとデメリットの大きさがほとんど同じならば、早く得られる方、そして長く得られる方が上回っていると主張することができる。

論題・プランを選ぶ

次に、立論の第一歩である、論題・プランの選び方を説明しよう。

論題とプランは混同されやすいが、この2つは別のものである。論題は、プランよりも包括的な概念で、ディベートのゲームが始まる前から決められている（授業では、教員が論題を決める場合が多いだろう）。プランは、論題を肯定するためにディベーターが設定する具体的な行動方針である。例えば、論題が「日本政府は少年法をより厳しくすべきだ」であった場合、プランとしては「刑法を17歳から適用する」などが考えうる。肯定側は、論題から自由にプラ

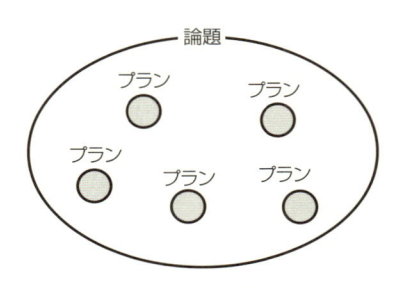

図4-3　課題とプラン

ンを作ることができ，そのプランからどのようなメリットを提出するかも自由である。ただし，最初のうちは論題を狭くしてプランが1つしか出ないようにした方がいいだろう。

◆ 論題を設定する

　ディベートの授業を展開する上で，どのような論題をテーマとして選ぶかは先生たちにとっても最初の頭の痛い問題なのではないだろうか。論題の選び方によって学生の興味やリサーチのしやすさもまったく変わってくる。巻末付録にいくつか論題の例をあげてみたので，参考にしてほしい。巻末付録では，リサーチの必要ないレベル（A），リサーチした方がよいがなくてもよいレベル（B），リサーチの必要なレベル（C）に分類してみた。最初は，リサーチの技術を学ぶ前にスピーチの仕方を学んだ方がよいので，手軽に取り組めるAレベルで，何回か練習をしてみよう。そして，だんだんと慣れてきたらリサーチも取り入れて徐々にB，Cレベルの論題に取り組んでみてはどうだろうか。もちろんこれは授業でディベートを取り入れる目的にもよるので，政策や経済などある特定の問題について検証することが目的であるならば，最初からその問題を論題として設定すればよいだろう。

◆ 論題の種類

　論題には大きく分けて，「ごみ袋を有料化すべきだ」などのようにあるプランをとるかどうかを議論する政策論題（Policy debate）と，「猫よりも犬の方がペットに向いている」などのように価値判断に関わる価値論題（Value debate）などがある。「夏休みは山に行くべきだ」というのも，「山に行く」と

いうプランをとるかどうか議論するので政策論題になる。「政策」といっても，何らかのプランであればよく，日本政府の政策である必要はない。「結婚するべきだ」でもよい。

一般的に，メリットとデメリットの比較がしやすいので，政策論題の方が議論しやすいだろう。また，語尾は「〜すべきだ」と断定形の方が議論しやすい。「〜すべきだろうか」などのように疑問形や否定形は肯定側・否定側の立場が混乱しやすいので，避けた方がよい。

❖ よい論題とは

論題の条件は，まず第1に議論可能（Debatable）であること，つまり肯定側も否定側も意見を出しやすいことである。明らかに行った方がよいことや悪いことは意見が偏って，どちらかが不利になってしまう。事前の予想と，実際の意見分布は異なる場合があるので，事前にアンケートを行うのも手である。例えば「高校の制服を廃止すべきだ」という論題を予定していても，実際聞いてみたらほとんどの学生が「廃止すべきでない」と考えているという場合もありうる。第2には，最初のうちは学生にとって身近で興味のある話題がよい。ただし慣れてきたら，自分たちでリサーチをするうちにそのテーマに興味を抱くようになるという効果もあるので，多少難しい論題にチャレンジしても大丈夫だろう。第3の条件は，具体的かどうかという点である。あいまいで広い論題だと，そこから発生するプランが無数にできてしまうので，否定側が対応しきれなくなってしまう。最初のうちは，なるべく具体的で，プランが1種類しか出てこないような論題の方がいいだろう。第4にはリサーチのしやすさである。リサーチを含まないディベートの場合は関係ないが，リサーチが必要な場合には，賛成，反対の両方の意見が新聞や雑誌などに掲載されているようなテーマだと理想的である。

❖ 戦略的なプランの選び方

　今度はディベーターの立場に立って，戦略的に有利なプランの選び方を考えてみよう。ただし，ある程度論題が広くてプランを考える余地がある場合である。

　デメリットが出にくい　　大きなアクションを行うプランは，メリットも大きいがデメリットもそれに伴って大きくなる。小さなアクションの場合は，メリットも小さいがデメリットも小さい。例えば，「すべての原発を廃止する」というプランと「1つの原発を廃止する」というプランを比べれば後者の方が圧倒的にコストや反対は少ないだろう。一般的に，小さなアクションの方が情報収集も詳細にできるし，デメリットがつきにくい。最後の比較のところでは小さくても確実にメリットを残すことができれば，デメリットを上回ることができる。

　前に行われたことがある　　以前に同じ場所で，あるいは異なる場所ですでに行われたことがあるプラン。すでに行われたことがあれば，どんなデメリットが出るか，予測することができる。否定側が，「こんなデメリットが起こる」と言ってきても，それは前の時起こらなかった，と反論することができる。例えば，「ごみの有料化をする」というプランの場合，すでに有料化している都市もあるので，そういった都市の例を出すことができる。

　具体的である　　どういうことを行うのか，なるべく具体的にしよう。細かい点については，細目で具体的に指定する。プランでは，実際にどうやって実行するかに関して細目を決めることができる。例えば，例外規定はあるか，予算はどうするか，誰が実行するのかなどである。ただし，予算については，特に巨額の予算を必要とする場合をのぞいては通常は指定しなくてもよい。肯定側は基本的に途中で新たなプランを追加したり，変更することはできない。

　プランで具体的にどういう行動を行うかは非常に重要なので，否定側の場合には1回目の質疑応答で確認しておくとよい。

コラム4:ディベーターの見分け方

　大学ESSのディベートでは，全国各地で大会があります。私もチームの一員として，いろいろなところへ出かけたものです。時間に追われ，駅と会場の大学しか知らない町がいくつもあります。さて，知らない土地で，どのように会場まで辿り着くか…。そう，同じ目的地へ向かう人々を探せばいいのです。見分け方には，簡単なコツがあります。ディベートの試合は正装で行うので，スーツ姿に，バックパックと大きな荷物（エビデンスなどの資料が入っている）を持った集団！！それがディベーターとみて，ほぼ間違いありません。さらに，スピーチ時間を計るストップウォッチを手にしていたら完璧です。こんな格好をして，早口の英語でぶつぶつ言いながら歩いているのですから，見分けるのはさほど難しくありません。たとえ数時間後に対戦する相手であろうとも，仲間を見つけた私たちは，道を教えあったりタクシーに乗り合ったりして，共に目的地を目指すのでした。（たどころ　まきこ）

第 5 章

反論する（否定側立論）

第4章では立論を作るときの肯定側の作戦について説明した。この章では，否定側の立場に立って，肯定側への反論を考えてみよう。論理的に反論するにはどうすればいいのだろうか。

デメリットを提出する

　第4章の山田家の例で考えてみよう。お父さんとしては，山にキャンプに行くことに反対するには，2つの作戦がある。1つは，プラクティス4.3で行ったように，お母さんの言ったことに反論すること。もう1つは，「山へ行くとこんな悪いことがある」と独自に山へ行くことのデメリットを説明する作戦だ。この2つは同じように見えるかもしれないが，実は議論においてまったく違った機能を持っている。

　第4章で説明したように，ディベートではあるプランのメリットとデメリットを比較する。その時，肯定側の提出したメリットに反論するということは，そのメリットを減らすということになる。しかし，メリットを減らしても，少しでもメリットが残る限りは肯定側の勝ちとなってしまう。否定側としてはマイナスにしなければならないので，デメリットを出すことがどうしても必要である。これが，お父さんが，お母さんの言ったことにぶつぶつ文句を言うだけ

| 第7章 エビデンスを使う | 第8章 戦略を立てる（反駁） | 第9章 試合をする | 第10章 教育の中のディベート | 第11章 社会の中のディベート | 付録・文献 索引 |

| 否定側の戦略を考える | 対案（カウンタープラン）を出す | まとめ |

でなく，積極的に「山へ行くとこんな悪いことがある」と説明しないといけない理由だ。もちろん，肯定側のメリットを完全にゼロにする自信があるならば，それに賭けてもよい。デメリットがなくてもメリットがゼロならば否定側の勝ちとなる。

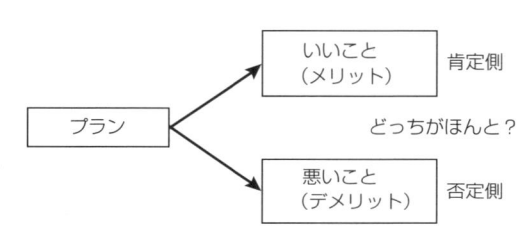

図5-1　メリットとデメリット

否定側の仕事は２つ。メリットへの反論と，デメリットを提出すること。

プラクティス 5.1

1. 4章で書いた山田家のリンクマップを見直してみよう。今度は，プランから出ている，「悪いこと」のリンクに着目。悪いことを青いペンで囲ってみよう。
2. それを，4章の時と同様に流れにして書き出してみよう。

リンクの例：
　（1）山には虫がいっぱいいる。
　（2）子どもが虫に刺される。
　（3）かゆくなってかいてしまう。
　（4）顔に跡が残る。
　（5）学校に行くのがはずかしい。
　（6）登校拒否になる。

3. グループの中で１人ずつ，リストを見ながら「山へ行くとこんな悪いこ

とがある」とスピーチをする。その時，次のことを含むように話を構成してみよう。
（1）プランをとった後，どういう順序でそのことが起こるのか。
（2）その悪いことは，こんなに深刻な問題である。

デメリットの構成

　上のプラクティスで説明した，プランをとると何が起きるのか，ということとその深刻性はデメリットの必要最低限な要素である。

1. 発生過程（Initial Linkage）　プランをとると，こういうことが起きる。
↓
2. 深刻性（Impact）　それは，こんなに深刻な問題である。

　否定側が証明する必要があるのは，まずその悪いことがプランをとることによって起こる，ということ（発生過程）。もしプランをとらなくても他の原因によって起こるのならば，結局プランをとってもとらなくても変わらない，ということになるだろう。

　第2に，プランから起こる悪いことというのは，こんなに深刻な問題である，ということ（深刻性）。これは，メリットの重要性に対応するもの。メリットの重要性とデメリットの深刻性を比較することによってプランをとるかどうかを決める。つまり，勝敗を決める。

　肯定側立論の場合と違うのは，解決性を説明する必要がないという点である。肯定側のように現状の問題を説明してからプランをとると解決する，という説明でなく，否定側は最初からプランをとった後の世界についてだけ説明すればよい。否定側は現状（プランをとる前の世界）とプランをとった後の世界を比べて，現状の方がよい，ということを主張する。

| 否定側の戦略を考える | 対案（カウタープラン）を出す | まとめ |

否定側立論の2要素：発生過程・深刻性

　先ほどのリンクマップの例を思い出してみよう。「山へキャンプに行くと虫に刺されて、顔に跡が残ってしまって学校に行くのがはずかしい」というデメリットの場合、発生過程にあたるのは、山には虫がたくさんいるから、山に行くと虫に刺されてしまうという部分である。もし家にいても虫がたくさんいて虫に刺されるのだったら、山に行ってもいかなくても同じ、ということになる。そこで、都会なので家のあたりには虫はほとんどいないが、山の中の方がはるかに虫がたくさんいる、などプランをとることによって悪いことが起きる、と証明する必要がある。

　深刻性にあたるのは、学校に行くのがはずかしくて不登校になる、という部分である。深刻性を考えるときには、肯定側のメリットと比較するということを常に頭においておこう。肯定側の提出したメリットが「家族の絆が深まる」だったとすると、「学校に行くのがはずかしい」というマイナスと「家族の絆が深まる」というプラスのどちらが重要か、というのが争点になる。「学校に行くのがはずかしい」だけだと家族の絆よりも重要だとジャッジに確信させるのは難しいかもしれない。そこで否定側としては、さらに深刻性をふくらませるという作戦がある。例えば「子どもが不登校になると両親の間で言い争いが起き、家族の絆が崩壊する」というところまで話をつなげたとすると、「いったんは家族の絆が深まっても、その後不登校になって家族が崩壊したらより悪い」ということになって、デメリットの方が大きいと主張しやすくなる。否定側としては、メリットと比較するために深刻性はなるべく大きく明確である方が有利である。

> デメリットはプランによって問題が起こることを証明する。
> メリットを上回ることを意識して深刻性を設定する。

デメリットをめぐる攻防

　今度は肯定側の立場に立ってみよう。肯定側としては，デメリットをそのままにしておいては勝ち目はない。どうやったら反論できるのだろうか。

プラクティス 5.2

　次のデメリットに対する反論を考えてみよう。
プラン：すべての原子力発電所を廃止する。

デメリット
（1）電力会社が困る。
　　　原子力発電所を廃止するには莫大な費用がかかる。今後の電力供給が十分できなくなる。
（2）これまで政府は企業の不利益となる政策をとったことはなかった。
（3）このプランをきっかけとして，政府と企業の信頼関係が崩れ，先行きへの不安が企業の間で広まる。
（4）企業が投資を手控え，不況になる。
（5）不況がひどくなり，日本経済が破綻する。
（6）失業者が増え，自殺者が増加する。

　なんだか風が吹けば桶屋が儲かる式の話のようだが，反論がなければ一応リンクはつながっている。
　さて，みなさんはいくつ反論を思いついただろうか。
　下に，反論の例をあげてみよう。

(1)「電力会社は本当に困るのか？」
　原子力発電がなくても，風力や太陽光発電など新たなエネルギー源を推進す

| 第7章 エビデンスを使う | 第8章 戦略を立てる（反駁） | 第9章 試合をする | 第10章 教育の中のディベート | 第11章 社会の中のディベート | 付録・文献索引 |

| 否定側の戦略を考える | 対案（カウンタープラン）を出す | まとめ |

ることでまかなえる。

　これは，プランとデメリットの結びつき（発生過程）を直接アタックする方法。ここが切れればデメリット自体のシナリオが成立しても，プランと関係なくなるので否定側にとっては痛い一撃。まずは発生過程のアタックを考えよう。

(2)「ＰＬ法の制定など，政府が企業にとって都合の悪い政策をとったことはこれまでもあった」

　このプランの他にも似たようなアクションがあったのではないか？　という疑問。これが似ていれば似ているほど強いアタックとなる。特にまったく同じプランを以前にとったことがある，という場合にはその時にはなぜ同じデメリット起こらなかったのか，としてデメリットのシナリオを否定することができる。

　否定側のこれに対する反論としては，例えば「その時は企業と合意をとってから導入したが今回はそのような合意を得るプロセスがない」など，過去の政策と今回のプランの違いを示す。

(3)「今でも不況である。だから変わらない」

　今もすでに不況であるとしたら，デメリットのシナリオが起こってもどうせ変わらないことになってしまう。

　これに対しては，否定側は「だからこそ，今不況がさらに深刻になると危険なのだ。今が崖っぷちだ」と議論を自分のものにすることができる。

(4)「失業者は今でもいる」

　これは深刻性のアタックになるが，あまり効果的ではない。今失業者がいたとしても，その数がプランによってさらに増えることが問題だからである。プランによってどう変わるかに注目しよう。

　肯定側としては，後でメリットの重要性と比較しなくてはならないので，深

| 第1章 アカデミックディベートのススメ | 第2章 ゲームとしてのディベート | 第3章 ディベートの流れをつかむ | 第4章 立論する（肯定側立論） | **第5章 反論する（否定側立論）** | 第6章 リサーチをする |

| デメリットを提出する | デメリットの構成 | **デメリットをめぐる攻防** |

刻性に対してのアタックは何か行っておいた方がよい。

こうしてみてみると，否定側にとって難しいのは，肯定側のプランをきっかけにしてデメリットのシナリオの引き金が引かれる，というのを証明する点であることがなんとなく見えてくるのではないだろうか。これまでにもさまざまな類似の政策がとられているが，肯定側のプランに対してなぜ特に（ユニークに）デメリットが起こるのか，というのを証明しなければならない。この問題はもともとデメリットがプランに固有のものであれば，そんなに心配する必要はない。例えば「脳死を死として認める」というプランに対して，「死亡の判定が早まって完全に死んでいない人が殺される」というデメリットを提出した場合には，上記のことはそれほど問題にならないだろう。

これまでのアクションとは違うということを示すための，否定側の戦術を3つ紹介しよう。

1．「崖っぷち（On the brink）」作戦

上述の，「今は不況が深刻になりつつあるから，今が崖っぷちで，これ以上進んだら次のステージに行ってしまう」といった議論。これならば，「今までも不況だった」という議論に対抗することができる。ただし，本当に今が崖っぷちである，ということをなんらかのエビデンスを使って証明する必要がある。また，あまりに崖っぷちすぎると「じゃあどっちにしても手遅れではないか」ということになってしまう。

2．「雪だるま式（Snowball）」作戦

1つの行動をとると，その結果が雪だるま式に大きくなっていく，という議論。例えば，

いったん政府に対する不信感が広がるとそれが雪だるま式にふくらんでいく，など。それによって深刻性を大きく見せることができる。ただし，この議論は「これまでにも同じことがあった」という議論に対してはかえって対抗するのが難しい。

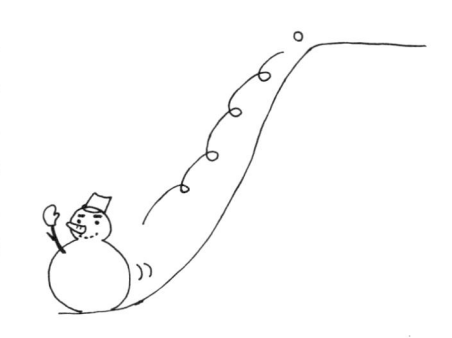

3．「リニア（Linear）」作戦

リニア（Linear）というのは，xとyが比例関係にあって，xが増加すればyがそれに応じて増加することを指す。例えば，「戦争が勃発する」といった事例は，起こるか起こらないかのどちらかしかないが，「自然が破壊される」という場合は，現在すでに破壊が起こっている，と反論されたとしても，破壊が大きければ大きいほどよくない，と主張することができ，プランと深刻性が比例関係にある。リニア作戦は，これまでにも類似のケースがあったと指摘されたとしても，深刻性が「より大きくなるのがよくない」と返すことができる。ただし，デメリットとしてカウントできるのは，プランによって増加した分だけであることに注意。

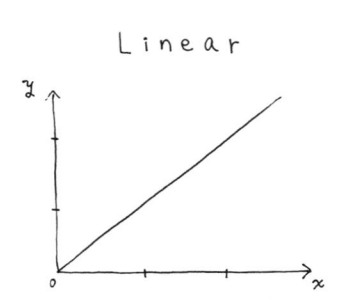

> **肯定側のプランと今までとの違いを示す。**

全般的にいって，メリットは現状の分析を詳細に行うことができるのに対し，デメリットはプランをとったと仮定した後のことについて議論するため，シナリオが粗くなりがちである。例えば先ほどの原発を廃止する例でも，廃止によ

って事故の起こる確率は確実に減るといえるが，そこから不況になることは100％起こるとはいえないだろう。そこで，確率の問題となってくる。4章で説明した，「メリットの大きさ＝重要性×確率」の式を思い出してみよう。デメリットも同じように，「デメリットの大きさ＝深刻性×確率」で決まる。デメリットのシナリオを考える時には，デメリットの確率がどれぐらいあるかを考え，それに応じて深刻性をどこまで広げるかを設定するとよい。肯定側も，デメリットの深刻性が「人類絶滅」のような大きなもので，メリットが「1人の人権を救う」というものだったとしても悲観的になる必要はない。デメリットの起こる確率がどれぐらいであるかをチェックし，ジャッジにアピールすればよい。

> **デメリットの大きさ＝深刻性×確率**

否定側の戦略を考える

◆第2陣（セカンドライン）を準備する

プラクティス5.2で試みたように，デメリットに対する反論はある程度予想することができる。そこで，その場になってあわてなくてもいいように，事前に反論の準備をしておこう。また，デメリットは最初は「こんなこと本当に起こるんだろうか？」とジャッジからは怪しげに見えることが多いが，肯定側の反論に対して説明しながら返していくうちに，シナリオが明確になってデメリットの起こる確率が大きく見える。

否定側にとって最初はデメリットの骨格だけ提示して後から補強する，という作戦は，肯定側の出方をうかがってからこちらの出方を変えることができる，という点で有利である。ただし，これは立論の機会が2回ある場合にはあては

| 否定側の戦略を考える | 対案（カウンタープラン）を出す | まとめ |

まるが，立論の機会が1回である場合には最初からデメリットのシナリオを細部まで完成させておく必要がある。その意味では立論が2回のゲームの方が戦略をさまざまに立てることができ，ゲームに深みがあるともいえる。立論の機会が2回の場合には，否定側第2立論ではデメリットの補強を行い，すぐ直後の否定側第1反駁ではメリットへのアタックを行うなど，役割分担を行うとよい。このことを，ネガティブ・ブロックと言う。

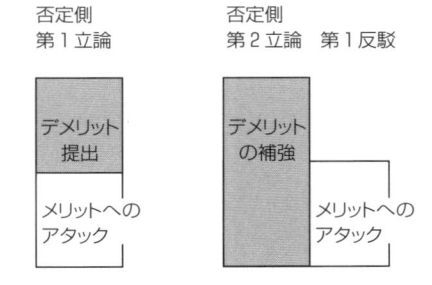

図5-2 デメリットの二段攻撃

> **デメリットは最初に全部のシナリオを出さず，二段攻撃にする。**

◆ネガティブ・ブロックを活用する

3章のルール①では肯定側と否定側が交互にスピーチを行うと書いたが，実は例外があり，否定側第2立論と否定側第1反駁は連続している。これはまちがいではなく，否定側を有利にするための措置であり[1]，「ネガティブ・ブロック」と呼ばれる。このネガティブ・ブロックを生かせば否定側は勝ちのチャンスを最大限にできる。例えば立論が8分で反駁が4分の場合，合計12分の否定側のスピーチに対し肯定側は4分で反論しなければならない。最もプレッシャーがかかる箇所である。

ネガティブ・ブロックの威力を最大限に発揮するには，立論と反駁の人がそれぞれ役割分担をして，議論が完全に重ならないようにすることが大事だ。せ

---

1) 肯定側が最初にプランを提出するため，自分のフィールドで話をすることができて有利になる。そこで，否定側を有利にするための措置が取られている。

っかく時間が長くても，重なっている部分があれば反論するのが容易になってしまう。例えば，立論の人がデメリットを展開し，反駁の人がメリットへの反論を行う，というように決めておけばネガティブ・ブロックを効果的に使うことができる。ここで重要なのは，それぞれが肯定側にプレッシャーを与えるような密度の高い議論をする，ということだ。立論の人はなるべく新しい議論を展開し，反駁の人はメリットがゼロに近くなるまで緻密にアタックする。肯定側第1反駁の人は，すべてに反論すると時間がなくなるので，重要な箇所を見きわめて簡潔に反論するようにしよう。

> 否定側は「ネガティブ・ブロック」で勝ちをねらう。

対案（カウンタープラン）を出す

否定側に立ったとき，肯定側は自分たちの好きなプランを出せるのに，否定側はいつも現状維持を守らねばならないなんて，不公平だ，と思ったことはないだろうか。肯定側のプランよりもこっちのプランの方がいいのに，という時にはカウンタープランを出す，という方法がある。肯定側のプランよりもこちらのプランの方がいいですよ，と主張することによって肯定側の立場を否定するという方法だ。通常は肯定側のプランと現状を比較するが，カウンタープランがある場合には肯定側のプランとカウンタープランの優劣を比較することになる。

カウンタープランが成立するためには次の3つの必要条件がある。

1．論題に含まれない（Non-topicality）
肯定側の役割は基本的に論題を支持することであり，否定側の役割は論題を

否定することである。プランは論題を支持する手段として提出しているわけである。ということは、否定側の出すカウンタープランが論題に含まれるなら、そのカウンタープランも論題を支持している、ということになってしまう。その場合には、カウンタープランが肯定側のプランよりも優れていることが証明されても、論題が支持されたため肯定側の勝ちになってしまう。よって、カウンタープランが論題に含まれない、と示すことが必要である。

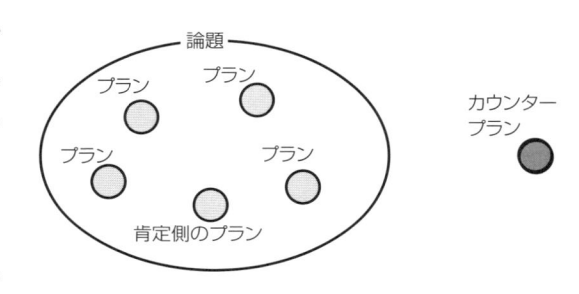

図5-3 プランとカウンタープラン

2. 競合性（Competitiveness）

プランも良いプランで、カウンタープランもすばらしいのならば、両方一緒にやりましょう、と肯定側が言い出すかもしれない。同時にやった方が良いのならば、カウンタープランはプランを否定していることにならない。そこで、①カウンタープランとプランを同時にとることは不可能である（Mutually exclusive）、あるいは、②両方行うよりもカウンタープランだけを行った方が良い（Net-benefit）、と証明する必要がある。

例えば、「夏休みに山に行こう」という論題で肯定側が「富士山に登る」というプランを出したとする。それに対し否定側

が「沖縄に泳ぎに行く」というカウンタープランを出した。まず,沖縄の海に行くのであって山ではないので,カウンタープランは論題には含まれない。次に,否定側が富士山と沖縄の両方に行くことは,お金がないので無理だ,と主張したとすると両方同時にとれない（Mutually exclusive）ということになる。あるいは,完全に不可能ではない場合でも,両方行くと疲れるのでどちらかにだけ行った方がよい,と主張することができる（Net-benefit）。

3．優越性（Superiority）
　第3に,当然のことだが,プランを否定するためにはプランよりもカウンタープランの方が優れているということを証明しなければならない。そうでなければ,プランだけをとった方がよい,ということになってしまうからだ。上の例だと,富士山に行くよりも沖縄に行く方がメリットが大きい,ということを証明すればよい。

　カウンタープランを使った作戦でよく用いられるのが,デメリットと関連づける方法である。肯定側のプランに対してデメリットを提出しておいて,カウンタープランに対してはそのデメリットがつかないので,デメリットがない分カウンタープランの方が優れている,と主張する方法である。この場合,デメリットが成立しなければカウンタープランも成立しないが,デメリットの深刻性がメリットを上回るほど大きくなくても,デメリットが少しでもあればカウンタープランの優越性によって勝つことができる。例えば富士山に登ると高山病になるというデメリットを出していたら,沖縄は海なので高山病にならない,と主張することができる。

まとめ

否定側が勝つための戦略としては、大きく次の3つがある。場面に応じて、使い分けよう。

> 1. デメリットを出して、メリットを上回る。
> 2. メリットにアタックし、メリットをゼロかマイナスにする。
> 3. カウンタープランを出す。

コラム5：Listen to Me

以前に"Listen to Me"というアメリカ映画がありました。ディベートを題材にした青春映画です。これを見るとアメリカでディベートを学ぶ学生達の様子がわかってなかなか面白いものです。主人公は「ディベート奨学金」をもらって田舎から大学に出てきた青年です。彼は大学のディベート部にさっそく入部し、ディベートの訓練を始めます。そこで彼はもう一人の「ディベート奨学生」である女子学生と出会い、最初はライバル意識から反発しながらも彼女の真剣な様子に打たれ、惹かれあっていく……。要するにディベートをやっている学生も普通のスポーツ根性もの映画の学生と同じなのですね。違うのは、しょっちゅう図書館に入り浸っているところと、皿洗いのバイトをしながらもぶつぶつとスピーチの練習をしていることぐらいでしょうか。

日本とアメリカの違いは、日本では大会の時には電車で移動しますが、アメリカでは飛行機で移動します。「ディベート奨学金」もアメリカならではですし、ディベート部専属コーチがいたり、学長がはっぱをかけに来たりと、大学側の力の入れようもかなり違うようです。　（あんどう　かおり）

| 第1章 アカデミックディベートのススメ | 第2章 ゲームとしてのディベート | 第3章 ディベートの流れをつかむ | 第4章 立論する（肯定側立論） | 第5章 反論する（否定側立論） | 第6章 リサーチをする |

- 情報は力
- 情報収集の3段階

第 6 章

リサーチをする

　さあ，論題が決まったら，次に何が必要だろうか？　そう，情報収集である。その論題についての知識がなければ，相手を説得するどころか，話し合うことさえできない。後で詳しく述べるが，情報（データ）は，論題の背景知識や問題点を知り，議論の基礎となるものであると同時に，ゲームの勝敗を左右する非常に重要なものである。この章では，ディベートを始める準備として，情報収集の方法について説明する。

情報は力

❖論題に対する知識を得る

　ディベートを始める前にまず大切なのは，自分がその論題に対する知識を得ることである。論題の背景知識や専門用語を知らなければ，ディベートどころか，そのテーマについて話し合うことさえできない。議論を始めるためには，その論題に関連して何が重要であるのか，そして何が起こっているのかをまず知ることが必要である。そして知識を得る過程で，自分の知らなかった事実を知ったり，あるいは，今まで思い込んでいたこととは正反対の事実を知ることもあるだろう。このように，議論を進めるに必要な知識を蓄えるためには情報が不可欠である。

◆自分の意見に説得力をもたせる

　論題について自分の思いつく意見を述べたとして，聞き手はその意見を正当な主張として納得してくれるであろうか？　例えば「原発は危険だと思います。なぜなら事故が起こる可能性が高いからです」と述べたとしても，何のデータもなければ，それは当てずっぽうな発言にすぎないと言われても仕方がない。そこで，理論的・実証的・数量的な情報が必要となる。これらの情報を基に自分の意見を言えば，自分の主張に説得力を持たせることができるし，聞き手もその主張に対し納得しやすくなる。

> 情報によって　1）論題の知識を得る。
> 　　　　　　　2）自分の主張に説得性を持たせる。

情報収集の3段階

　情報がなぜ重要なのかはわかった。では，どのような情報をどのように収集すればよいのだろうか？　ここでは，その方法を見ていくことにする。

◆背景知識を得る

　まず，その論題の背景を知らなくては，どんな情報が必要なのかもわからない。まず，導入として，自分にとって理解しやすい入門書に目を通しておくことをお勧めする。これにより，背景や専門用語，一般的な問題点などの知識が得られる。入門書の他に，手軽に概略を知る方法として，百科事典や時事用語辞典にあたってみるのもいい。「imidas（イミダス）」「知恵蔵」「現代用語の基礎知識」「日本の論点」などは，政治・経済・法律・科学・文化など，さまざまな分野の最新の情報をコンパクトに説明してあり，容易に手に入るので，大

変便利である。まずは，自分の理解できるところからスタートし，そこからさらに，知識や興味の幅を広げていくといいだろう。

> まずは基礎知識・問題背景を知ることから始めよう。

❖ブレインストーミングする

論題に対する一般的な知識を得たところで，興味がふくらみ，どんどん情報を収集したくなっているかもしれないが，ただ情報を集めればいいかというとそうではない。やみくもに情報を集めても無駄に終わっては意味がない。情報収集の前に，計画と作戦を立てること，リサーチの方向性を定めることが必要なのだ。

グループで準備をする場合，みんなで集まり，**ブレインストーミング**をしよう。ブレインストーミングとは，お互いが自由に意見を言い合い，その過程で，アイデアをまとめていく会議方法の1つであり，いわばアイデア会議のようなものである。ここでは，どんなことでも黒板や大きな紙に書いていく。注意しなければいけないのは，他の人の発言に批判的・否定的なコメントをしないということである。なるべくたくさんのアイデアを出し，出された意見はすべて書き留めていく。一通りのアイデアがあがったら，プランを採用することによって，どんな影響が出てくるのか，どんなメリットやデメリットが考えられるのかをリンクマップとして作成してみる（第4章を参照）。また，現状から派生するメリット・デメリットについても同様にリンクマップを作成しよう。この2つの場合のメリットとデメリットを比較するのがディベートであり，このリンクマップを見ながら，肯定側と否定側の議論の流れを予測していくのである。このリンクマップ作りは，肯定側立論・否定側立論を組み立てるためにも，また，相手側に対する反論の準備をし，相手側からの反論を予想するためにも，大変重要な作業である。

情報を整理する

　こうして、ブレインストーミングを進めていけば、自分たちにとって、どんな情報が必要なのか、どんな情報を探せばよいのか、方向性がはっきりしてくるはずである。

　このようなミーティングは、準備期間中に何度か開いて、お互いの進行状況をチェックしたり、どんな情報が必要か整理したり、試合の作戦を練ったりしよう。ブレインストーミングやミーティングで出てきたアイデアや意見の記録は残しておこう。これから先、ゲームまでの準備の途中で、またはゲームの最中に、ちょっとしたヒントとなって助けになることがあるかもしれない。

　さあ、お目当ての情報が明確になったら、グループの仲間で役割を分担し、情報収集を始めよう！

> グループでブレインストーミングしてリンクマップを作る。
> リサーチは方向づけしてから始める。

◆図書館に行く

　では、どこに行けば情報が得られるのであろうか？　まずは、書店、特に、有名大型書店に行けば、新刊本なども店頭に並んでいるが、多くの書籍を購入することは難しい。やはり、最も利用しやすいのは、図書館だ。

　学校の付属図書館の他、一般の図書館もある。国立国会図書館には、日本で出版されているほぼすべての本が揃っている。地方の場合は、読みたい本がすべて揃っているとはいえないが、比較的規模の大きい、県立図書館や市立図書館などを利用するといいだろう。図書館によっても、開架式や閉架式、カード検索やコンピューター検索等、利用法が異なることがあるので、普段から足を運んで、利用法に慣れておくとよい。また、その図書館では所蔵していない本を他の図書館から回してもらうインターライブラリーローンという制度もある。必要なときには尋ねてみよう。

その他，組織や団体が運営している私設図書館（資料室）もあるので，ある特定の分野で情報がほしいときには，関連分野の組織や団体に連絡し，訪問してみることも可能だろう。

以上，図書館についての簡単な説明を行ったが，次に，どのような情報源があるのかをあげていく。データベースを利用したり，書籍巻末の参考文献を利用して，芋づる式に情報源を広げていくこともできる。

図書館は情報の宝庫

①書　　籍　　本には，1つのテーマに対する情報がまとまって記されているので，大変有用な情報源となる。特に，問題背景から著者の主張も述べられているので，肯定側・否定側それぞれの立場にある著者の本を読めば，論議を進める際に必要な情報をある程度得ることができるであろう。

ただ，難点もある。それは，書籍は，執筆から出版まで数ヶ月あるいは数年かかってしまうということである。まとめられている統計的・数量的なデータは，有用ではあるものの，執筆までの状況におけるデータであり，出版の時点ですでに古くなってしまっている。また，出版されてしまえば，それ以降から今現在までの，最新の情報を得ることができない。特に変化が激しく，最新の情報が必要な論題を扱う際には，こうした情報の新しさに注意しておく必要がある。

1冊の本に頼り過ぎると問題に対する視点が偏りがちになるので，何冊か目を通して，多様な意見や分析方法に触れ，多面的なものの見方を身につけておくことが大切である。

情報を整理する

②**新　　聞**　　新聞は，世界中の最新の情報を毎日得られることのできる格好の情報源であり，日ごろから毎日目を通しておきたい。ディベートの試合当日に，そのテーマに関わる記事が載っていることもあり，そのような１つの記事がその日の試合の勝敗を左右するようなこともよく起きる。

　新聞の欠点をあげるとするならば，毎日の報道記事が中心となり，問題の全体像が見えにくいということだろう。しかし，新聞によっては特集を組み，問題の背景や詳細について解説しているものもあるし，社説やコラムで賛成・反対の立場から意見を述べていることもある。これらもうまく利用していきたい。また，過去の新聞については，ほとんどの図書館で保存しているし，前年度以前のものであれば，新聞縮尺版やデータベースのCD-ROMとして所蔵されているので，これらを利用するとよい。さらに，月刊のダイジェスト版も出版されており，これはコンパクトにまとめてあって解説もついているので，便利である。またインターネットで新聞検索をすることもできる。例えば以下のようなホームページがある（有料の場合があるので，注意しよう）。

◆**新聞記事検索URL**
　　日経四誌新聞検索：http://epo.goo.ne.jp/ppv/nkg_top.cgi
　　Japan Press Index：http://jpi.kyodo.co.jp/
　　nifty新聞・雑誌記事横断検索：http://www.nifty.com/RXCN/
　　全国地方新聞リンク（今日のニッポン）：http://www.todays.jp/

③**雑　　誌**　　月刊誌，週刊誌等，さまざまな雑誌が発行されている。雑誌は，専門雑誌と一般（大衆）誌に大別される。前者は，特定の専門分野について書かれた雑誌であり，例えば，法律・政治・経済・教育・医療等，その分野の専門家を対象としているため，高度な知識がないとわかりにくいという難点がある。しかし，より深い分析と質の高い情報を得るためには，大変有用である。法律分野に関して例をあげるとすれば，「ジュリスト」「法学セミナー」等がある。

　一方後者は，一般の読者を対象としていてわかりやすいが，読者の興味を引

| 第1章 アカデミックディベートのススメ | 第2章 ゲームとしてのディベート | 第3章 ディベートの流れをつかむ | 第4章 立論する（肯定側立論） | 第5章 反論する（否定側立論） | 第6章 リサーチをする |

情報は力　　　　**情報収集の３段階**

くためによりセンセーショナルな論理展開を好む傾向があり，前者のような緻密な分析や裏付けには欠けることがある。しかし，時に有用な情報を提供しているし，肯定・否定の立場をはっきり主張していることが多いので，ディベートのエビデンスとしては便利なことが多い。ディベートで使いやすい一般雑誌としては，「諸君」「世界」「中央公論」「技術と人間」「AERA」「東洋経済」「ニューズウィーク日本語版」等があげられる。

　過去にどのような記事がどの雑誌に載っていたかを調べるためには，図書館に所蔵されている雑誌目録を調べてみるといいだろう。記事のタイトルから検索することができる。

　④百科事典・専門用語辞典　あるテーマについての簡単な背景，要点を知るためには百科事典・専門用語辞典は大変便利な情報源である。特に，現代時事用語集（「imidas（イミダス）」「知恵蔵」など）は，毎年改訂され，あらゆる分野の比較的新しいデータがコンパクトにまとめられているので，ディベーターの必需品であるといえる。いろいろな種類が出ているが，値段も手ごろなので，一冊は手元に置いておきたいものである。

　この他にも，各専門分野の辞典があるが（「医学用語辞典」，「法律用語辞典」など），専門的で詳しい知識を得る必要があるとき，用語の正確な定義を知りたいときなどは特に役に立つであろう。

　⑤政府刊行物・年鑑　政府機関が編集する印刷物で販売または頒布するものを政府刊行物といい，さまざまなテーマについて出版されている（「厚生白書」「環境白書」など）。各種の調査研究に基づいており，現状や課題等について述べ，それに対する改善案等の提言も行っているので，有用な資料となる。また，日本に限らず世界のあらゆるデータも「国民生活白書」「世界経済白書」等といった白書（一般に，政府の実情報告書と解釈されている）の形でまとめられており，毎年出版されている。白書では，その年の状況を分析し，政府の政策に関する詳しい説明を行っている。これらの政府刊行物は官公庁の政府刊行物サービス・センターやサービス・ステーション（官報販売所）の他，政府

情報を整理する

刊行物コーナーを常設している比較的大きな書店でも入手することができる。

年鑑はさまざまな分野で発行されており（「世界統計年鑑」など）、種類も豊富である。基本的なデータを入手する際に役立つので、特に統計的データを必要とするときに利用するとよい。

⑥インターネット　コンピューターが普及し、インターネットも多くの人々に利用されるようになった。インターネットを使えば、世界中の情報が、部屋に居ながらにして、瞬時に手に入れることができる。最近は、自宅でインターネットを使える人も増えているが、そうでない人は学校のコンピューターや町のインターネットカフェ等を利用するとよいだろう。インターネットでは、検索エンジンを使ってキーワードで検索すれば、そのキーワードに関するホームページを一覧として表示してくれる。そこからホームページを開いて、情報を取り出すとよい。検索エンジンとして有名なものには以下のものがある。

検索エンジンURL：

Yahoo：http://www.yahoo.co.jp

Goo：http://www.goo.ne.jp

Lycos: http://www.lycos.co.jp/

ただし、授業でディベートを行う場合には、ホームページもエビデンスとして認められるかどうかについてルールを決めておいた方がよいだろう。エビデンスとして使用する場合には著者、ページの名前とURL、そしてダウンロードした日付が必要となる。

⑦その他　実際に当事者や専門家に会ってインタビューする。問題の起きている現場に行き、見学・体験してみる。テレビ番組の討論やドキュメンタリー等を見る。出版物等の二次情報だけでなく、このように生の情報に触れることは、出版物として活字化されない問題を発見し、実感をもって説得できるようになるという点で、大変有用である。またこれらの情報収集活動を通じて知的好奇心がさらにかき立てられるとともに、物事を自分の力で調べていくことの楽しさを味わうこともでき、調査能力がアップするだろう。

| 第1章 アカデミックディベートのススメ | 第2章 ゲームとしてのディベート | 第3章 ディベートの流れをつかむ | 第4章 立論する（肯定側立論） | 第5章 反論する（否定側立論） | 第6章 リサーチをする |

| 情報は力 | 情報収集の3段階 |

> 図書館は目につかないところにも貴重な情報が隠れている。
> 図書館のプロフェッショナルになろう。

■ 情報を整理する

　これまでは，どんな情報源があるのかを見てきた。実際に図書館に行って検索してみると，莫大な数の書籍に驚いてしまうかもしれない。ディベーターが本格的なディベートトーナメントのために目を通す書籍は数百冊といわれ，それに雑誌や新聞も加えると膨大な情報量となる。しかし，ここでは，そんな本格的な準備を要求していないので，安心してほしい。ただ，それでも，一つ一つの記事や書籍を精読していくのは，時間と労力の無駄となる。そこで，以下のような方法をお勧めする。

　ここでは，ディベートの主張の論拠（エビデンス）となる情報を探すのが目的である。まず，ブレインストーミングの時に出てきた必要な情報を頭に入れておく。その情報を探しながら目次を見て，必要な部分を見つける。そして，内容がわかる程度に拾い読み（**ななめ読み**）をする。その部分を最初から最後まで読む必要はない。このときに，**付箋**（自由に貼ったり剥がしたりすることができるもの。ポストイット等）を利用するとよい。小さいもので目印をつけたり，大きいものを使ってメモを添えたりすることもできる。付箋を使えば，図書館の本に書き込み……などと，決してやってはいけないことを防ぐこともできる。

　重要な部分のチェックが済んだら，その個所の**コピー**をとる（それが何ページ目である

情報を整理する

かもメモしておこう）。必要な本をすべて借り出すことはできないし，重い本を何冊も持ち歩く必要もなくなる。コピーした用紙には，書き込みも自由にできる。コピーする時に，その書籍の書名，著者（著者に関する情報も含む），出版年，出版社の情報をメモしておく。あるいは巻末のこれらの情報が書かれた部分をコピーする。同じ本を借りたいときに困らないし，何より，エビデンスとして利用する際に必ず要求される情報だからである。その著者に関するプロフィールも参考になるので控えておくといいだろう。雑誌や新聞の場合は，号数や日付も必要となる。

後からコピーした資料を読み直して，ディベートの中で実際に使えそうな部分をカラーペンや蛍光ペンで囲む。肯定側は赤，否定側は青のように**色分けする**とわかりやすい。このペンで囲った部分は手で抜き書きするかワープロで打ち出して，見出しをつけて一枚のカードとして整理する。このことを**カード化**という。カード化については，次の章でもう一度詳しく述べる。カード化した後も，コピーした資料は保管しておく。

ディベートの試合期間中は，以上の作業を繰り返し，最新の情報や新たに出てきた問題点についての情報を常に補っていくことになる。

**精読よりもななめ読み。付箋と色ペンでカード化。
コピー代を気にしてはいけない。**

| 第1章 アカデミックディベートのススメ | 第2章 ゲームとしてのディベート | 第3章 ディベートの流れをつかむ | 第4章 立論する（肯定側立論） | 第5章 反論する（否定側立論） | 第6章 リサーチをする |

| 情報は力 | 情報収集の3段階 |

以上の流れは次のようになる。

```
基礎知識を得る
    ↓
ブレインストーミング
    ↓
本や雑誌のななめ読み
    ↓
付箋で目印
    ↓
コピー
    ↓
重要な箇所を色ペンで囲む
    ↓
カード化
```

これで，ディベートに備えての情報収集が整った。次の章では，集めた資料をエビデンス（証拠）にして議論を進める方法を見ていくことにする。

情報を整理する

コラム6：ディベーターは右翼!?左翼!?

　ディベーターは論題が発表されると一斉にリサーチに走ります。図書館では早い者勝ちで一人何冊も机の横に本を積み上げ，付箋を貼っていきます。一般書だけではなく，誰も借りないような本を閉架式の書庫から探してきます。一見熱心な受験生のようにも見えますが，よくよく本のタイトルを見ると，実はかなりあやしげなものが見受けられます。「日本のファシズム」「がんばれ左翼」を始め「法律の抜け穴全集」「日本の優生思想」などなど。雑誌も「技術と人間」「世界」「諸君」などとかなり偏っています。周りの利用者にいぶかしげな目で見られたディベーターもいたとかいなかったとか。
（あんどう　かおり）

第 7 章

エビデンスを使う

エビデンスを整理する

　エビデンス（evidence，証拠・論拠）とは，ディベートにおいて自分の主張の裏づけとなる，さまざまな資料から抜き取った情報（データ）のことである。一般に，書籍や雑誌，新聞といった印刷物から引用することが多い。ディベートでは「私は，こう思う」「多分こうだろう」という個人的な意見や推測だけではなく，主張の根拠となる情報を提示した方が，信頼性が高まる。ディベーターは，自分の主張に対して「なぜそう言えるのか」を立証する責任を持つのである。リサーチなしの即興で行うディベートの場合は必要ないが，リサーチを伴うディベートの場合，自分の行う主張に対してエビデンスを用意しておくことが重要である。

> **エビデンスがあると、自分の主張の信頼性が高まる。**

❖ なぜエビデンスが重要なのか

　まず，独りよがりの意見に対し，審判や聴衆が理解して納得できるであろう

試合でエビデンスを使う

か？「それはあなた1人の考えなのではないですか」と言われればそれで終わりである。根拠のない意見は何の説得力も持たない。主張の根拠となるデータを示すことで「こういう理由から、このようなことが言えるのです」と、説得力ある説明が可能となる。

また、エビデンスによって水掛け論から脱出することができる。例えば、第4章で扱った例を思い出してみよう。肯定側の「朝にシャンプーをしよう」という主張に対して、否定側が「朝にシャンプーすると抜け毛が増える」と反論したとする。ここで、両者がお互いに理由もなく「朝のシャンプーは抜け毛が増える」「いや増えない」と言いたいことをぶつけ合っているだけだとしたら、どちらが正しいのか、判断することは難しい。そんな時「朝のシャンプーは頭部の毛細血管を活性化し、発毛・育毛に効果がある」等という、専門家による研究結果のエビデンスがあれば、どちらの主張を信頼すべきかおのずとわかってくるはずである。このように、自分の主張にエビデンスによる裏づけをすることで「このようなデータにより、自分たちの主張は正しい」と主張の優越性を示し、堂々巡りの議論を避けることができる。

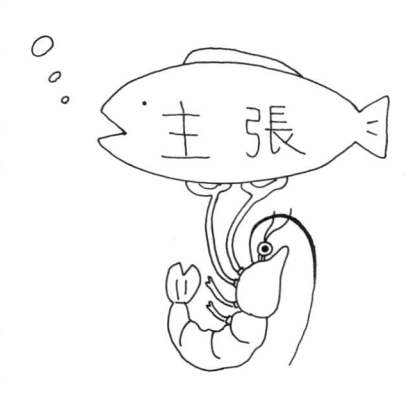

他にも、エビデンスは議論を進める重要な材料であると同時に、勝敗を分ける大きな役割を持っている。肯定側、否定側がそれぞれ、自分の主張にエビデンスを用意し、理由づけをしていたとしよう。そのエビデンスが、それぞれの主張を支持する十分な証拠となっているのか？　その情報源の信頼性は？　データはいつのものか？　などエビデンスの内容や質を比較検討することで、それぞれの主張の正当性・優位性を比べることができるのである。もちろん、エビデンスの存在だけで勝負がついてしまうのではなく、自分のエビデンスの優位性を主張し、相手の不備を指摘するのは、ディベーターの仕事である。

| 第1章 アカデミックディベートのススメ | 第2章 ゲームとしてのディベート | 第3章 ディベートの流れをつかむ | 第4章 立論する（肯定側立論） | 第5章 反論する（否定側立論） | 第6章 リサーチをする |

エビデンスを整理する　　エビデンスの種類

　後の節で述べるが，エビデンスにはいろいろな種類がある。議論の内容によって，効果的なエビデンスも異なってくる。自分の主張に応じたエビデンスを用意することが大切である。

> エビデンスによって水掛け論を脱却する。

❖エビデンスカード

　「リサーチをする」の章をもとに，すでに手元にはたくさんの文献やコピーした資料があるだろう。では，これらを元にして，エビデンスカードを作成していくことにしよう。

　エビデンスとは，自分の主張の論拠となるものであるから，まず，何を主張するためにどのようなエビデンスが必要かを考える。『小学校への英語学習を導入すべき』というトピックを例に考えてみよう。「英語の習得には小学校から英語学習を行うことが効果的である」という主張をしたいとする。そのためには裏づけとなる情報が必要となる。集めた資料を見てみよう。重要だと思う個所にマークがしてあるはずなので，そこを参考にすればよい。それらの資料の中から，自分の主張にあった情報を選ぶ。エビデンスにできる個所が見つかったら，引用個所と情報源・日付を，A4のレポート用紙に書き写すか，パソコンのワープロソフトを使って打ち込む。可能ならば，カット＆ペーストの容易なパソコンの利用をお勧めする。それを印刷したら，エビデンスカードのできあがりだ。

　このカードは，以下の情報から構成される。

　　①主張——クレーム（Claim）ともいう。自分の言いたい事柄を，簡潔に言い表した一文である。

　　②情報源——どこから引用した情報なのか。書籍や雑誌の場合には，著者，著者に関する情報，書籍や雑誌の名前，引用個所のページ数，出版社。イ

試合でエビデンスを使う

```
〈肯定〉
①早期英語学習は効果的だ

②伊藤　1999　伊藤克敏（神奈川大学教授）　日経新聞　③1999年5月2日

④引用開始「幼稚園や小学校低学年から楽しく歌やゲームに英語で親しんだ中学生は，英語や他の外国語に対して積極的な態度を示し，また中学校後半から高校の段階で英語力の伸びが良いことがJASTECの長期研究で明らかになっている。小学校時に国際共通語としての英語基礎能力を身につけることで，中・高で高度の運用能力を習得し，さらに他の外国語にもチャレンジする余裕を持つこともできるのである。」引用終了
注：JASTECとは日本児童英語教育学会のことである
```

図7-1　エビデンスカードの例

ンターネットの情報であれば，そのサイトのURLも記録しておく。

③日付——その情報がいつ出されたのか。書籍や雑誌，新聞からの引用であれば，その発行年月日を明記する。インターネットを使ったサイトからの引用であれば，更新年月日とアクセスした日付を記録しておこう。

④引用文——文献や資料の本文から，引用した個所である。文の開始には「引用開始（Q：Quote）」，そして終わりには「引用終了（UQ：Unquote）」と記入しておく。

エビデンスカードとは，自分の主張とそれを支えるエビデンスをワンセットにしたものである。

この段階では，基本的に1枚の紙には1つの内容を記録するとよい。なぜならば，分類整理が容易であるし，肯定側，否定側の主張を組み立てる際に，効率よく作業を進めることができるからである。

| エビデンスを整理する | エビデンスの種類 |

❖カードをブリーフにする

　次に，実際に自分で作ったカードを使って**ブリーフ**（カードをスピーチの順に並べたもの）を作成してみよう。カードを整理するには，B6サイズのメモカードに1枚ずつ書き出し，ボックスにまとめる方法もあるが，ここでは，A4サイズの用紙に書き出し，クリアーファイル（又はホルダーファイル）にまとめる方法を紹介しよう。

　エビデンスカードを立論に沿って組み合わせて，A4の用紙にまとめる。書き出してあったり，印刷してある場合にははさみとのりで切り貼りをする。パソコン上ならば，カット＆ペースト機能を使って編集することができる。こうしてできあがった原稿がブリーフである（この作業をブリーフ化という）。

　ブリーフができたら，チームの人数分をコピーしてそれぞれに配布しておく。また，試合中に相手側からエビデンスを見せて欲しいと言われた時に渡せるように，予備のコピーを取っておこう。

　ブリーフは1枚ずつクリアーホルダーに入れてファイルする。項目ごとに，インデックスシールを使って見出しをつけておくと，整理しやすいし，試合中にも探しやすい。また，ファイルは，肯定側・否定側やメリット・デメリットの種類別に分類し，個々のファイルに分けておくとよいだろう。

エビデンスの種類

　エビデンスにはいくつかの種類があり，それぞれに役割や効果が異なる。基本的には以下のような種類がある。

　①**実　　例**　　実際に起こった出来事の報告。聞き手に対し，具体的なイメージを呼び起こし，事柄の重大さを印象づけるこができる。例えば死刑廃止のプランの場合，冤罪となった元死刑囚の実例をあげることで，死刑を執行することの危険性と，被告や家族の苦しみの大きさを描き出すことができる。このように，実際の出来事や経験を紹介することで，その事態の深刻さ，悲惨さ，

試合でエビデンスを使う

デメリット：セミリンガルになる*

＊セミリンガルとは，本人の母語を含めどの言語でも年齢レベルの言語力に達していない場合のこと（1994　小野博，大学入試センター研究開発部教授，『バイリンガルの科学』講談社，170ページより）

1. 肯定側のプランによって，小学校に英語教育を導入する。

2. 子供は英語と日本語の間で混乱する。

長谷川　1997　長谷川惠洋，阪南大学教授，『英会話と英語教育』64ページ，晃洋書房
引用開始「子供の会話は個々の場面の中で行われる。母国語を習得する過程とだいたい同じと言って良いだろう。個々の場面と結びついた発話を何度も繰り返し，それが十分に熟成されて，やがて「頭の言語能力」によって，体系化された言語構造が頭の中に形成されるようになると，1つの言語として定着するであろう。しかし，その前に言語環境を変えてしまうと，日本語と英語のように言語系統が異なる場合，頭の中が混乱する。」引用終了

3. セミリンガルになる可能性が高い。

小野　1994　小野博，大学入試センター研究開発部教授，『バイリンガルの科学』38ページ，講談社
引用開始「インド・ヨーロッパ語系を起源とする言語間の距離に比べ，日本語と英語との距離は非常に遠く離れているために，その移行過程がスムーズに行われないと言語習得過程が混乱するばかりか両言語とも中途半端になる場合が多いのです。」引用終了

4. 小学校での英語教育は，外国語習得どころか悪影響を及ぼしてしまう。

図7-2　ブリーフの例

| エビデンスを整理する | エビデンスの種類 |

または素晴らしさ等，質的なインパクトの大きさを提示することができるのである。その他，経験的事実によって，事態の予測もできるようになる。

　②**統計的データ**　これは，統計的数字によるデータであり，実例が質的な証明であるのに対し，量的な証明であるといえる。

　1つの実例では，どんなにそのインパクトが大きなものであっても，それが偶然その人だけに起こったとすれば一般化することはできない。統計的データを提示することで，より客観的に物事を把握することが可能となる。例えば，飛行機と自動車の安全性について考えてみよう。飛行機事故と自動車事故の発生率と死亡率という統計的データがあれば，客観的に比較することが可能となる。

　③**意　　見**　意見には，いくつかの分類がある。例えば，論題に関する分野の専門家による意見。これは，その分野に精通している専門家がどのように分析をし，見解を持っているかを示す。次に評論がある。これは，その分野の専門家ではないものの知識者の意見である。他には，当事者の意見，世論といわれるような一般の意見等がある。

　信頼性の点では，専門家の意見が勝っているといえるが，専門家の中でも，見解に相違があることもある。エビデンスとして重要なのは，その意見についての裏づけや理由が述べられているかということである。この理由づけがない限り，エビデンスとしての価値は低くなってしまう。

◆**いいエビデンスとは**

　では，どんな要素があればエビデンスとしての価値が高いといえるのだろうか。以下に，エビデンスを探すときのチェックポイントをあげてみる。

　①**最新の情報である**　社会情勢や技術は日々変化している。中には，普遍的な問題や歴史的事実等，内容自体の方がより重要で，時間の新旧を問わない事柄もあるが，時事問題などではその時々の状況を反映した最新の情報を入手するように心がけよう。

　②**出典に信頼性がある**　エビデンスの情報源は中身の信頼性を左右する。

試合でエビデンスを使う

例えば経済に関する問題であれば，芸能週刊誌の記事よりも専門誌の記事の方が信頼性は高いといえる。最近では，専門分野の違う者がさまざまな出来事に対しコメントをしているのをよく見かけるが，その発言者（または執筆者）の専門分野や肩書きも信頼性に影響する。その他世論調査では，その対象や方法が適切であるかによって信頼性が変わってくる。

　③**クレームを支持している**　　エビデンスに書かれていることが自分の主張と一致していないことがしばしば見受けられる。エビデンスは，クレームを直接支持する内容でなければならない。

　④**データを示している**　　例えば「ほとんどの人」といった場合，それは何％の人のことを指すのだろうか。また「ほとんどの国」といった場合，どの国を指すのだろうか。言葉だけよりも，統計的・実証的・科学的データや具体的な名称等を示している方が比較・説明しやすいし，信頼性も増す。

　⑤**理由づけがある**　　「エビデンスカードが『小学校から英語を学ぶのが効果的だ』と言っているから効果的なのだ」，というだけでは，論拠をあげたことにはならない。なぜそのようなことがいえるのかという理由が説明してあってこそ，人を説得できるのである。

　⑥**立論の文脈に適している**　　立論が想定している文脈とエビデンスが想定している文脈が違うものを指していれば，それは主張の裏づけとはならない。例えば，英語教育を小学校に導入するというプランに対し，英語を第二公用語にすることに関するエビデンスを用意したとしても，前提が違うため，主張を支持していることにはならない。

　⑦**他のカードと矛盾していない**　　ディベートでは，複数の出典からエビデンスを抜き出しているため，さまざまな著者がそれぞれの視点で意見を述べている。また，自分の立論だけでなく，相手に対する反撃のエビデンスも使うため，いくつもあるカードの内容が，お互いに矛盾しないように，つまり自分の主張に一貫性があるように気をつけていなければならない。

| エビデンスを整理する | エビデンスの種類 |

　以上のようなポイントを頭においてエビデンスを探してみよう。また，相手のエビデンスを攻撃する時には，逆にこれらの条件に合っているかチェックすればよい。

試合でエビデンスを使う

◆エビデンスを提出する

　まず，自分の主張（クレーム）を簡潔に話し，その後，エビデンスを読む。その時は，まず著者と年度を言ってから，「引用開始」と言って引用個所を読み上げ，「引用終了」と言って終わる。先に示したエビデンスカードの例を使ってスピーチの仕方を説明すると「早期英語学習は効果的です。伊藤1999年。引用開始『幼稚園や小学校低学年から楽しく歌やゲームに英語で親しんだ中学生は，…（略）…さらに他の外国語にもチャレンジする余裕も持つこともできるのである。』引用終了」のようになる。

　エビデンスは通常，立論のスピーチで提出するようにして，反駁のスピーチではあまり新しいエビデンスは出さないことが望ましい。なぜなら反駁の時間は短いため，エビデンスを読み上げていたら，議論の時間がなくなってしまうからである。なるべく立論の段階で必要なエビデンスをすべて提示し，反駁のスピーチではそれらを利用して議論を進めるようにしよう。

　また，エビデンスがないからといって，何も言ってはいけないわけではないので，自分の知識や機転を利かせて説明することも大切だ。

試合でエビデンスを使う

◆ エビデンスアタック

相手の提示したエビデンスに対し、どのような攻撃をすればよいのだろうか。

相手のエビデンスを恐れることはない。エビデンスカードを見せてもらい、その内容をチェックする。そのときのポイントは「いいエビデンスとは」の節であげた項目のとおりである。つまり、攻撃する側にとっては、逆に相手のエビデンスに必要な要素が含まれているのかをチェックし、不備な点を指摘すればよいのである。

まず出典の日付や信頼性、著者の権威、先入観のある偏った情報源でないかを確かめる。そして、エビデンスの内容へと入っていく。このエビデンスはクレームを支持しているのか、理由づけがしてあるか、客観的なデータはあるか、実証的・科学的・統計的な分析はされているか、条件節(「もし～ならば」「～という時には」等の条件を示す言葉)はないか、前提は正しいか、他のカードとの矛盾はないか等々である。自分が対抗するエビデンスを持っている場合にはそれを提示し、自分のエビデンスの優れている点を主張する。

実際の試合では「肯定側の主張は『小学校での英語教育の導入は効果的である』と言っています。しかしながら、エビデンスでは『小学校で楽しく歌やゲームに英語で親しんだ場合』と言っています。よって、導入すれば効果的とは限りません。○○教授、1999年によると『受験英語の低年齢化になり、英語嫌いを助長する』と言っています。よって、小学校での英語教育の導入は逆効果になります」のように指摘すればよい。

では、指摘されたほうはどうするのか。リサーチの段階で、いいエビデンスを用意しておくことが最大の防御である。相手の攻撃に動揺せずに相手の意見の不当さを指摘し、自分の主張の正しさを引っ張ればよい。確かに、理想的なエビデンスがいつも見つかるわけではないが、そのようなときでも、焦らず落ち着いて説明しよう。上述の例ならば「われわれのプランでは、外国語指導助手との共同授業で歌やゲームを取り入れ、評価も筆記試験では行わないので、受験英語にはつながりません。また、△△教授、2000年の調査によると、この

| 第1章 アカデミックディベートのススメ | 第2章 ゲームとしてのディベート | 第3章 ディベートの流れをつかむ | 第4章 立論する（肯定側立論） | 第5章 反論する（否定側立論） | 第6章 リサーチをする |

エビデンスを整理する　　エビデンスの種類

ような英語教育を取り入れた小学校の児童は授業に対していい感想を持ち，積極的な態度を示していることがわかっています。よって，小学校での英語教育は効果的であるといえます」のように，防衛すればよいだろう。

相手の指摘にはすべて反論しておかないと，自分がその指摘を認めたとみなされるので，気をつけなければいけない。試合の前に予想される指摘や攻撃を出し合って，それに対する返しの準備をしておくとよい。そして，反論用のスピーチもブリーフ化しておいたり，付箋に書き出して貼っておく。また，ブリーフにも，重要なところは蛍光ペンでラインを引いておく等して，強調しやすくしておこう。

コラム7：図書館のコピー恐怖

ディベーターは試合前には図書館でリサーチを行うわけですが，これを手書きで書き写すのは大変なので，コピーをすることになります。何しろ読む本が大量なので，コピーの分量も大量になります。数人で一緒にリサーチをしたときには，なんと1日でコピー代が2万円，ということもありました。「コピー代をけちるな！」はディベーターの合言葉とはいえ，貧乏な学生にはかなりつらい……。ディベートをやっていると図書館の使い方だけでなく，コピー機の使い方も上達することができます。（あんどう　かおり）

第7章 エビデンスを使う

試合でエビデンスを使う

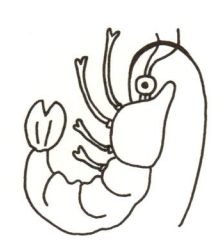

第 8 章

戦略を立てる（反駁）

■ 反駁で勝負を決める

　4，5章では立論について述べたので，この章では主に反駁での議論について解説する。新しい議論を出してはいけないのならば，反駁ではいったい何をすればいいのだろうと疑問に思うかもしれないが，実は反駁でやることはたくさんあり，最後に勝負を決めるのは反駁での議論なのだ。立論では，肯定側と否定側が議論を積み上げる。しかし，それだけではどちらが勝っているかわからないので，それを比較してメリットとデメリットのどちらが上回っているかを総合的に考え，まとめるのが反駁の役割となる。

◆ 自分の主張を思い出す

　反駁で陥りがちなのが，直前の議論に対して反論することだけ考えて，第1立論で自分（または同じチームの仲間）が言っていたことを忘れてしまうという失敗である。そうすると，ジャッジも最初の主張を思い出せない。反駁の基本とは，第1立論での主張を思い出して，そのシナリオをもう一度最後にアピールすることである。もちろん，相手の議論に対して反論もしなければならないし，立論ほどの時間はとれないので，ごく簡単に説明するだけでいい。要点

戦略的なQ&A

を整理してアピールしたいポイントだけを主張できると，さらにグッドだ。

◆大事な議論を見極める

　反駁は立論よりも時間が短いので，立論で出たすべての議論について反論しようと思うと，時間がなくなってしまう。そこで，今まで出た議論の中で何が大事で何が大事でないのか，見極める必要がある。特にネガティブ・ブロック直後の肯定側の反駁をする人は，時間切れにならないよう注意が必要である。大事な部分については念入りに反論して，大事でない部分には極力時間を割かないようにする。

　メリットやデメリットを複数提出している場合，反駁では必ずしも全部を守る必要はないので，立論での相手側の反論を見つつ，どのメリット／デメリットを最後までのばすか考える。例えばデメリットが2つあった場合，2つとも延ばして2つとも中途半端になるよりも，どちらか1つだけでも確実に立っている方がよい。メリットもデメリットも，途中のリンクが1カ所でも完全に切れていれば，確率がゼロになるため，最終的なメリット／デメリットの大きさもゼロになるからだ。このメリット／デメリットはのばさない，と決めたら一言「このメリット／デメリットは成立していないのでカウントしないで下さい」と述べる程度でいい。ただしターンがある場合には要注意である。ターンだけが残ってしまうと相手側に有利になることもあるので，ターンには必ず反論しておく。

◆論点を整理する

　フロー全体を見渡すと，相手側が反論をしていない部分が見えてくる。どの点については相手の同意が得られているのか，どの点についてはさらに反論が必要かを整理する。もう相手が認めていることに対していつまでも反論しても時間が無駄になるからだ。ただ，「この点については相手側も認めています」とジャッジに念を押しておいた方がいいかもしれない。

| 反駁で勝負を決める | ラウンド全体の戦略を立てる |

❖ エビデンスに意味づけする

エビデンスを立論で読みっぱなしになっていないだろうか。エビデンスは，立論で読んだだけでは十分に機能しない。重要な部分についてはエビデンスの意味や理由づけを説明したりして，縦横に使いこなそう。試合の流れに応じて最初と違った目的に使ってもよい。エビデンスは，自分の議論をサポートする武器である。

❖ エビデンスの優越性（Superiority）を示す

肯定側と否定側の議論を比較する時，議論が真っ向から対立しているとどちらが正しいのかわからない。そんな時は，1つでもいいので自分のエビデンスの方が優れている点を指摘しよう。例えば，「こちらの資料の方が新しい」「言っている人が専門の研究者で信頼できる」など。その他どんな議論が強いかというと，

経験的に証明されている：似た事例がすでに行われている場合，その時の経験を参考にすることができる。例えば，他の国ではもうやっているなど。

データがある：単なる意見ではなく，調査結果など何らかの数的データが示されている場合。

理由づけがある：例えば，「プライバシーは大切だ」ということを言いたい場合，単に大事です，と言う場合よりもなぜそれが大事なのかという理由がある方が強い。逆に言えば，理由づけがない議論には意味がない。

もちろんこれは単なる一例なので，どういう点で自分たちの議論が優れているかは，その場によって柔軟に考えよう。エビデンスが出ていない場合は，自分自身の意見の優越性を示す。

❖ 自分たちがどうやって勝っているのか考える

議論の中で捨てる部分と残す部分を決めたら，その中で自分たちがどうやって勝っているかを考える。例えば，第4章の山田家の例で自分がお母さんの立

場だとして，家族の絆が深くなるというメリットを出し，相手が虫に刺されて顔に跡が残るというデメリットを提示していたとする。この場合，家族の絆が深くなるのと顔に虫刺されの跡ができるのとどちらが重要な問題かというのを議論することになる。もし自分の出したリンクに対しての反論があまりなく，相手に対しては「虫に刺されるなんてめったにないことだ」など反論していたとすれば，「家族の絆が深まるのは確実だが，虫刺されはほんの小さなリスクだ」と**確率の大きさ**について議論することができる。あるいは，「家族の絆が深まることが家族旅行の最大の目的であるので，これが一番大事だ」など，**重要性の大きさ**そのものについて比較することもできる。またあるいは，「家族の絆が深まればその後ずっと仲良く暮らせるが，虫刺されは一時的ですぐに治る」など，**時間的枠組み**（タイム・フレーム）で比較するという手もある。

　どういった観点で自分たちが勝っているといえるのか，それをジャッジにアピールする。ジャッジは，基本的にそのアピールでの比較の方法にしたがって判断を下す。

◆判断の基準は自分たちで決められる

　ディベートのラウンドでは，人の命と人権とどちらが大事なのかなど，決まった価値観は何もない。「これが大事」と思ったら，それをジャッジにどんどんアピールしていけばよい。

　実際，ディベートのラウンドではフォーマットと基本的なルール以外は，すべて白紙である。現実社会の常識を持ち込む必要はないし，ジャッジも白紙の状態で判断することが求められる。例えば，「死ぬのはすばらしい。なぜなら，死後の世界は現世よりすばらしいからだ」などと言い出すこともできる（ふだんそん

なことを言うとちょっと危ない人だと思われるかもしれないが)。どういう基準でメリットとデメリットを比較するのかは，自分たちで新たな価値判断の基準を出せばよい。

◆「新しい議論」については自分たちでクレーム（主張）する

　反駁では，立論で出なかったまったく新しい議論（New argument）はしてはならないことになっている。「相手の言っていることは『新しい議論』だ」と思ったとしたらどうしたらいいだろうか。ジャッジは完全に明らかな場合にはその新しい議論をカウントしないが，ジャッジにまかせるのは不確実である。基本的に「新しい議論」については次のスピーチの中で自分たちでクレームするようにしよう。例えば「否定（肯定）側はこの点について立論ではまったく触れていなかったのに，否定側第1反駁で初めて反論しているのでこれは『新しい議論』です。カウントしないで下さい」のように言えばよい。

　ただし，肯定側第2反駁で新しい議論が出た場合，次のスピーチがないので否定側はクレームすることができない。そこで，試合終了後に司会の人は否定側のチームに「何かクレームすることはありますか？」と尋ねることになっている。この時は肯定側の最後のスピーチでの新しい議論についてのみクレームすることができる（「新しい議論」以外のことについての反駁はもちろんできない）。実はこの最後の質問は「第3反駁」と呼ばれていて否定側にとって最後のチャンスなので，もし新しい議論があれば遠慮なくクレームすればいい。

プラクティス 8.1 反駁セッション

　練習試合を行ったら，反駁セッションをやってみよう。試合自体はどんなフォーマットでも，何人制のディベートでも反駁セッションは可能である。

方法
　試合の後に，フローを見ながらもう一度，第1反駁からスピーチを行う。立論は試合の時と同じ議論がされたと仮定して，反駁を変えるだけでどうやったら試合の流れ

を変えられるか,試みる。
　両チーム同時にもできるが,肯定／否定側のどちらかだけでもできる。同じチームの中で肯定・否定の役割を分担して行えばよい。
　反駁セッションは1回だけでなく,満足のいく結果が得られるまで何度でも行うと非常によい練習になる。

　ディベートの試合前は立論を準備することに一生懸命になりがちだが,実はディベートの醍醐味はスピーチだけで試合をひっくり返せる反駁にあるといえるのではないだろうか。このようなプラクティスを行うことで,「スピーチ力」を向上させることができる。

ラウンド全体の戦略を立てる

　ちょっと慣れてきたら,やみくもに議論を進めるのでなく,ゲーム前から勝つための戦略を考えてみよう。ディベートは単なるスピーチではないので,話し方がたとえ下手でも,戦略によって勝つことができるのが面白い点である。

❖ どうやって相手のメリット／デメリットを上回るか

　戦略を立てる時には,反駁からさかのぼって考えるとよい。最後にどういう比較をして勝ちたいかを考えると,どの議論が重要になってくるかをが何となく見えてくる。そこで見えてきた重要な部分について重点的に準備をする。
　否定側にはデメリットか,カウンター・プランか,ターンで勝つのかなどいくつかの選択肢がある。肯定側の場合にも自分たちのメリットはどこが強い点でどこが弱い点か,どのような比較をしたら勝ちやすいかを考えておくとよい。

❖ それぞれのスピーチの役割分担

　立論がそれぞれ1回ずつのゲームの場合，メリット／デメリットを出すのは，その時に限られる。立論が2回あるゲームの場合，選択肢ができる。肯定側の場合には，第1立論ですべてのメリットを出した方がよい。最初のスピーチでは相手に反論しなくてよいので，余裕を持って自分の議論を展開することができる。もし第1立論でメリットを言い終わらなかった場合，第2立論では否定側の出した議論に反論するのと同時にメリットの続きを言わなければならないため，時間がなくなってしまう。基本的なことだが第1立論の間に原稿を読み終われるよう，練習しておこう。

　否定側は，デメリットは第1立論で出しても第2立論で出してもよい。第2立論でデメリットを出すと，肯定側はネガティブ・ブロックの後に反論しなければならないので，肯定側にプレッシャーを与えることができる。ただし，そのデメリットについて議論する時間が短くなるので，完全に説明することができないというリスクがある。もう1つは，これはかなりポピュラーな方法だが，第1立論ではデメリットのおおまかな骨格だけ説明して，第2立論で肯定側の反論に返しつつ詳しく説明するという方法である。この方法では，第1立論では2，3のデメリットを出して，それに対する肯定側の反応を見つつ，どれをのばすか決められるという利点がある。

❖ 対戦相手の情報収集をする

　スポーツの試合でも対戦相手の情報収集が大事なように，ディベートのゲームでもやはり情報は大切である。相手がどんなメリット／デメリットを出してくるのか，できるかぎり情報を集めよう。前にそのチームと対戦したことのあるチームに話を聞くのが早い。できればフロー・シートも見せてもらおう。また，練習試合を申し込むという方法もある。練習試合をすれば自分たちの手の内も見せることになるが，それでも相手の情報を得るメリットの方が大きい。

戦略的なQ&A

戦略的なQ&A

ディベートではスピーチの間にQ&A（質疑応答）の時間があるが，Q&Aはただわからないことを聞くだけではもったいない。戦略的に使ってスピーチに活かす方法を考えてみよう。

もちろん，試合中にわからないことはたくさんあるだろうし，基本的にQ&Aはわからないことを聞くために使えばよい。その中から，何かを見つけて攻撃を加えられるとよいだろう。

まずは，基本的なルールから。

質問者は質問だけ，回答者は回答だけ行う　これは，基本的なルールだが，最初は案外難しいものだ。ついつい相手のスピーチに対して「それは違うんじゃないですか」などと言いたくなってしまうが，質問する側になったら，あくまで質問だけに徹する。答える方は「あなたたちはどうなんですか」など逆に質問をしてはいけない。ただし質問の意味がわからない時にかぎって「……という意味ですか？」など確認はしてもよいし，聞き返してもよい。

紳士淑女で　どこかの国の議員のように，野次ったり，どなったりなどもってのほか。ディベートは紳士淑女がするものなので礼儀正しくQ&Aしよう。ジャッジや聴衆に好印象を与えることも大切である。

ジャッジと聴衆を見ながら　Q&Aはそもそもジャッジと聴衆に聞いてもらうためのもの。

Q＆Aをするときに決して聴衆に背を向けてはいけない。相手に向かって質問しながらも，体はジャッジと聴衆の方を向き，目はジャッジの反応を観察するようにしよう。

❖質問する側のマナー

質問は，1つずつ　　例えば3つ聞きたいことがあったとき，それを一度に聞くのでなくて，1つずつ順番に聞いていった方がよい。なぜなら一度に聞くと答える方もジャッジも混乱してしまうからである。

相手がなかなか答えないときは，切り上げて次の質問を行ってもよい
Q＆Aをリードするのは質問する側である。相手がなかなか答えず時間が経ってしまうときは，「もうけっこうです」と切り上げて別の質問をしてもよい。答えたくない質問になかなか答えようとしない人もいるための対策である。また，重要でない質問で時間をとって，重要な質問の時間がなくなるともったいない。ただし，相手が答えようとしているのにあまりに早く次の質問に行くと失礼な印象を与えるので，礼儀正しくしよう。

相手が答えに困っている時は，はい/いいえで答えられる質問に変える
「○○の原因は何ですか」という質問には答えにくくても，「○○の原因はAですか，Bですか」という質問の方が答えやすいはず。スムーズにQ＆Aを行うためには，相手が答えやすい質問形式に変えるとよい。また，明らかに回答不可能な質問はしない。Q＆Aの目的は相手を困らせることではなく，自分の聞きたい回答を引き出すことである。

❖答える側のマナー

質問には，すぐに答える。できるかぎり説明する　　ゲーム前にQ＆Aごとに回答する人を決めておいて，スムーズに答えられるようにしよう。質問されてから，どうやって答えるか何人かで相談していると，時間が経ってしまって印象が悪い。資料をひっくり返したりして時間をとらず，なるべくすぐに答え

戦略的なQ＆A

る。できるかぎり質問者に協力して答える姿勢を示そう。

時間内に答える　時間切れになって回答が途中で終わってしまうと印象が悪いので，残り時間を見ながら時間内に答えるようにする。

◆Q＆Aをスピーチに活かす

スピーチで念を押す　実はQ＆Aで相手側が答えたことは，そのままではゲームの流れに反映されない。Q＆Aはスピーチ時間の枠外と見なされている。そこで次の自分のスピーチの中で，「先ほどのQ＆Aで，肯定側（否定側）は……と認めました」と念を押す必要がある。

また，回答した方は，Q＆Aでの回答と矛盾することはスピーチでも言えない。

まずは「あれ？」と思うことから　相手側のスピーチを聞きながら「あれ？　何かここ変じゃない」と思うところがあったらそこをペンでチェックしておこう。

自分が変だな，と思うことは他の人も変だなと思っていることが多い。変だなと思う箇所は説明が不十分か，論理が飛んでいる可能性がある。

まずはQ＆Aで聞いてみる。そしてやはり論理が飛躍していることがわかったら，次のスピーチでその点について追究する。

Q＆Aではいきなりストレートパンチをくらわす必要はなく，まずは軽くジャブを出して相手の様子を見る。そしてここが弱い，と思ったところにパンチを入れればよい。

プランを確認　最初のQ＆Aで何を聞いていいかわからない時は，まず肯定側のプランを確認するといい。具体的に何をやって何をやらないのか確認する。例えば，「原発を廃止する」というプランなら，どこの原発を廃止するのか，どうやって廃炉にするのか，だれがやるのか，予算はどこから出るのかなど。最初に聞いておけば，後から肯定側が「実はこういうこともやります」とつけくわえることができないため，その予防策にもなる。

| 第1章 アカデミックディベートのススメ | 第2章 ゲームとしてのディベート | 第3章 ディベートの流れをつかむ | 第4章 立論する（肯定側立論） | 第5章 反論する（否定側立論） | 第6章 リサーチをする |

- 反駁で勝負を決める
- ラウンド全体の戦略を立てる

次のスピーチを考えながら　最初の否定側からのＱ＆Ａでは，次に出すデメリットとの関連を聞いておくとよい。例えば，「お金がかかる」というデメリットを出すならば，「そのプランの実行にはいくらかかるんですか。どの予算から出すんですか」など聞いておく。もちろん肯定側も用心しているので，意図があまりに明らかだと思うような答えはしてくれないかもしれない。

それ以降のＱ＆Ａでも，次に自分たちが出す議論を考えながら，それとの関連について聞いてみるとよい。

Ｑ＆Ａタイムを有効に使う　Ｑ＆Ａの時間をうまく使って準備時間を短縮しよう。質問する人を最初から決めておけば，次のスピーチの人はＱ＆Ａに参加せずに次のスピーチの準備をしていればよい。そうすれば，Ｑ＆Ａの時間もまるごと準備時間として使うことができる。聞いてほしいことがある場合は，メモに書いて質問者に渡しておく。質問者は，Ｑ＆Ａタイムの後で要点と次のスピーチで利用できそうなことを伝える。

コラム8：名・迷ディベート＝屁理屈が理屈に

これまで見聞きした，面白い議論を紹介しましょう。

ディベートの中では原発事故などによって「人が大勢死んでしまう」という議論が展開されることがあります。それに対して「死ぬのはよいことだ」と反論したディベーターがいました。理由は「死後の世界の方が素晴らしいから，現世にいるよりいい」ということだそうです。死ぬ方がよい，ということになると肯定側のメリットはすべてひっくり返ってしまうことになります。また，飛行機の騒音によって住民にストレスがかかる，という議論があった時には「ストレスは体によい」「座禅をするとストレスが解消する」などの反論がありました。

このように，常識にとらわれない発想はディベートを面白くしてくれます。みなさんも，思い切って柔軟な発想をしてみましょう（変人と思われない程度に）。（あんどう　かおり）

戦略的なQ&A

質問タイム中

第 9 章

試合をする

　そろそろディベートにもちょっと慣れてきただろうか。立論の準備ができたら，一度試合をやってみよう。効果的な反論の方法，どうしたら説得力のあるスピーチができるかなどは，何度か試合をする中で体で覚えるのがよい。今まで練習をしてきた学生にとっては，ここが一番の晴れ舞台である。

　授業の中で行うということを前提に，限られた時間の中でどのようにしたら試合の一連の流れが行えるかを紹介する。

試合の準備をする

◆試合時間

高校の場合……30-40分
大学の場合……60分

　それぞれのスピーチの時間については，第3章のフォーマットの箇所を参照してほしい。正式なフォーマットと同じでなくても，スピーチの時間は，授業の目的などに合わせて調整すればよい。授業時間内で終わるためには，コメントの時間や準備の時間なども考えて，ある程度余裕を持たせた時間配分が望ましい。試合後のコメントによるフィードバックも，試合同様重要である。

◆役割分担

ディベーター以外に司会者，タイムキーパー，ジャッジといった役割を決め，スムーズに試合を進行する。

ディベーター　ディベーターの人数は，1チーム最低2人から7，8人程度までを目安とする。人数が多い場合は，1回のスピーチにつき1〜2人と，質疑応答の担当者をそれぞれ決めればよい。2人の場合には，1人が第1立論と第1反駁を行い，もう1人が第2立論と第2反駁を担当する。第1立論を担当する人をファースト・スピーカー，第2立論を担当する人をセカンド・スピーカーと呼ぶ。質疑応答は，1回目の質疑応答は否定側のセカンド・スピーカーが肯定側のファースト・スピーカーに質問する，というように次のスピーチでない人が質問者になり，直前のスピーチを行った人が回答者になる。

人数が少ない方が1人の人がたくさん話すことができるが，限られた人しか参加できない。人数が多い場合には多くの人が参加できるが，1人の持ち時間は少なくなる。クラスの人数にあわせて，何組チームを作るかを考えよう。

司会者　司会者はスピーチ時間・準備時間の開始を告げ，試合の進行を取り仕切る。ディベーターとジャッジに自己紹介を促すこともある。「次は肯定側第2立論，お願いします」などのようにスピーチを促すと同時に，次が何のスピーチかを聴衆に知らせる。人数が少ない場合には，司会者がタイムキーパーを兼ねる時もある。試合後には，肯定側の最後のスピーチで新しい議論についてのクレームがあるか，否定側に尋ねる。

タイムキーパー　1人または2人。1人がストップウオッチを持ち，1人がタイムカード（イラスト参照）を持つ。スピーチ時間を計り，時間がきたら「時間です」と言って終了を知らせる。

タイムカードとは，残り時間をディベーターに示すためのものであり，簡単に作ることができる。例えば1回のスピーチ時間が最大4分の場合，スケッチブッ

クに4,3,2,1,1/2,1/4の数字を1ページに1つずつ，大きく書く。1/2は残り30秒，1/4は残り15秒の意味である。これを1分ごとにめくって高くかかげ，聴衆に見えるように1回転させる。そうするとディベーターだけでなく，周りの人もスピーチ時間が残り何分かを知ることができる。

　ジャッジ／コメンテイター　　最初の段階では，教員がジャッジの責任者になるのがいいだろう。ジャッジは1人だけでもよいし，役割のある人以外の学生全員がジャッジになってもよい。全員をジャッジにすることで，全員が何らかの形で参加できるという利点がある。なお，ジャッジとコメンテイターについては，ジャッジは勝敗の判断をするが，コメンテイターはコメントをするだけで勝敗はつけないという違いがある。慣れないうちはコメンテイターだけで，試合の勝敗は決めないという方式でもいいだろう。ジャッジの方法については，後の節でくわしく説明する。

　机の配置　　通常の教室で机が動かせる場合，真ん中に演台を置き，黒板に向かって左側に肯定側，右側に否定側が位置する。ディベーターの机は，少しななめにして，聴衆の方を向きながらも演台にも顔が向けられるようにする。ジャッジが演台の正面に位置し，その横または後ろに司会とタイムキーパーの机を置く。聴衆はジャッジより後ろに座る。

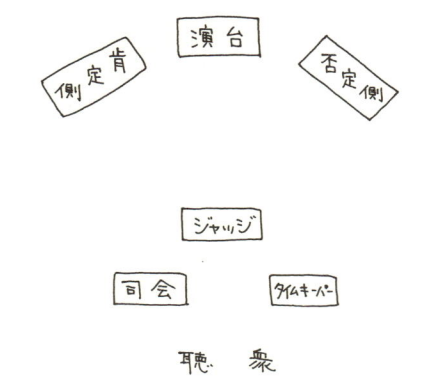

ジャッジする

❖勝敗の決め方

さて，ジャッジはどうやって勝敗を決めるのだろうか。注意しなければならない点は，ディベートの勝ち負けはスピーチのうまい下手だけで決まるのではないということだ。それではスピーチ・コンテストと同じになってしまう。ディベートの醍醐味は，肯定派と反対派がそれぞれの意見を戦わせるということであり，その戦略やスピーチの内容が吟味される。具体的には，メリットとデメリットを比較して，どちらが上回っているかを考えることになる。スピーチの上手下手は，ジャッジ・シートの得点として反映させる。

スピーチの内容を確認するためには，フロー・シート（第3章）を見直すのがよい。ジャッジはフロー・シートを必ず取るようにし，コメントもその中に書いておく。これを後から見直すと，肯定側の弱い点，否定側の弱い点がそれぞれ見えてくるはずだ。

> **ディベートはスピーチのうまさで勝敗が決まるのではない。
> ジャッジはフロー・シートで勝敗を決める。**

❖ジャッジ・シート

ジャッジが勝敗の結果や，スピーチの得点などを記入するのがジャッジ・シートである。次ページにジャッジ・シートの例をあげる。教員と学生全員がジャッジになる場合には，全員にジャッジ・シートを配って各自が記入する。学生にとっても，単なる聴衆としてではなく評価者の目で試合を見ることによって，どのスピーチが説得的かなどを異なる視点から見ることができる。

| 第1章 アカデミックディベートのススメ | 第2章 ゲームとしてのディベート | 第3章 ディベートの流れをつかむ | 第4章 立論する（肯定側立論） | 第5章 反論する（否定側立論） | 第6章 リサーチをする |

試合の準備をする　　**ジャッジする**

ディベート判定用紙

年　　月　　日

チーム名　　　肯定側 _____ VS _____ 否定側

採点基準：
1－努力を要する　2－少し努力を要する　3－普通　4－優秀　5－とても優秀

立論

肯定側				否定側
氏名	得点	第1　　得点		氏名
		論理性		
		論拠・証拠資料		
		話し方		

氏名	得点	第2　　得点		氏名
		論理性		
		論拠・証拠資料		
		話し方		

氏名	得点	質疑応答　　得点		氏名
		1　A←Q		
		2　Q→A		
		3　A←Q		
		4　Q→A		

反駁

氏名	得点	第1　　得点		氏名
	＊2	論理性	＊2	
		話し方		

氏名	得点	第2　　得点		氏名
	＊2	論理性	＊2	
		話し方		

_____　合計　_____

判定理由及びコメント

判定：肯定／否定側　_____ チームを勝ちとする
　　　（一方を○）

審査者 _____

図9-1　ジャッジ・シート

◆ジャッジ・シートの記入方法

点数を記入する欄と勝敗の理由を記入する欄が別個になっていることに注意しよう。スピーチの点数と勝敗は独立に判断する。

点数欄では，1回のスピーチごとにそのスピーチを行った人の名前と，得点を項目別に記入する。項目は立論の場合には論理性，論拠・証拠資料，話し方の3つがある。反駁では証拠資料がないので，論理性と話し方になる。反駁の論理性の欄に＊2とあるのは，その得点を2倍にするという意味で，それによって立論と反駁の得点の比重を同じにする。「論理性」は議論が論理的に組み立てられていたか，理由づけは十分だったかなど，議論の中身自体を評価する。「論拠・証拠資料」では，提出したエビデンスが適切だったか，クレームと一致していたかなどエビデンスについての評価を行う。「話し方」では声の大きさ，早さが適切か，スピーチが説得的だったかなどスピーチについての評価を行う。

「判定理由及びコメント」の記入欄には，どういう経緯でどちらを勝ちとしたのか，順を追って記入する。勝敗を決めてからその理由を考えるよりも，理由を考えてから勝敗を決めた方がよい。それが，勝敗を書く欄が一番最後にある理由である。ここではページの都合により「判定理由及びコメント」の欄を縮小したが，実際はこの欄をもっと大きくした方がよい。

点数は直接勝敗には影響しないが，チーム間で勝敗が同数の場合には，点数の合計が高い方を勝ちとする。

このジャッジ・シートの例はもちろん一例なので，ディベートの方式や何を重視するかなど授業の目的によって自由に変更できるし，点数を勝敗に加味することもできる。

◆メリットとデメリットの比較

メリット・デメリットのいずれもその大きさは「重要性／深刻性×確率」で決まることを覚えておこう。つまり単純に重要性／深刻性の大きさだけで決ま

るのでなく，どれぐらいそのことが起こりやすいかということを考える。

　メリットの場合，重要性，発生過程と解決性がそれぞれどの程度残っているか，という点がポイントになる。この中で肯定側にとって最低限証明しないといけないのは解決性である。どんなに現状で問題があっても，プランによってそれを解決できなければ意味がないからだ。重要性は少しでも残っていれば，プランをとる意味はあると見なされる。デメリットの場合，解決性はないので，発生過程がどれぐらい残っているかによって確率を考える。メリットもデメリットも，途中でリンクが完全に切られていれば，確率がゼロになる。

　メリットとデメリットのどちらが上回っているかの比較は，理想的にはディベーターがラウンド内（試合中）で行うことが望ましい。つまり，それぞれが最後のスピーチの時に「自分たちのチームはこれこれこういう理由で勝っています」と主張してくれれば，ジャッジはディベーターの行った比較の方法をもとに勝敗の判断を下せばよい。もちろん，明らかに負けている議論のところを勝っていると見なしたりなど無理な比較の場合には従えないが。ディベーターによる比較がない場合には，ジャッジが独自の判断で比較をすることになる。その際には，途中で消えていった議論は考慮しなくていいので，反駁で残っている部分だけで判断を下す。

◆どちらの議論が正しいか

　肯定側と否定側の言い分が真っ向から対決している部分については，ジャッジはどのように判断すればいいだろうか。例えば肯定側が「原発の事故は起こらない」否定側が「いや起こる」と主張している場合などがあるだろう。ジャッジが判断する基準の1つは「どちらの理由づけがより明確か」という点である。言い換えれば，「どちらの理由がより説得的であるか」ということになる。エビデンスを用いる場合には「こちらの方が新しい」「科学的な調査なので，信頼できる」など理由づけすることもできる。どちらが説得的かということも，できればジャッジの判断で行うよりもディベーターが「こちらの主張はこうい

う点でより信頼できる」と自ら主張することが望ましい。

　ディベートでは反論しなかったことは「認めた」とみなされるので、反論がなかった場合には完全にその議論は相手の言い分が勝っていることになる。例えば肯定側が「人的ミスで原発事故が起こる可能性がある」と主張していても、否定側が「コンピューターで管理しているので人的ミスは起こらない」と主張し、肯定側からの反論がなければ、人的ミスによる原発事故の可能性はないことになる。意図的に反論しなかったのでなくスピーチの時間が足りなかったという場合でも情状酌量は認められないので、ディベーターはそれぞれ重要な部分の反論を落とさないよう注意しよう。

❖立証責任

　それでもどちらの議論が正しいのか、どうしても決着がつかない場合にはどうなるのか。最終的にどちらに証明する責任があるのかということを、「立証責任」という。これは、裁判の場合でも刑事事件では検察側に立証責任があるのと同じである。有罪である、ということが証明できない限りは無罪になる。基本的に提出した側に立証責任があるので、メリットについては肯定側に、デメリット、カウンタープランについては否定側に立証責任があるとされる。なお、メリットもデメリットもゼロになった場合は否定側の勝ちとなる。

❖ジャッジの心得

　ディベートのジャッジはバスケットボールやサッカーなどスポーツのジャッジと原則は同じで、中立を大前提とする。そのため、当然のことだが、もともとの自分の考えをディベートの勝敗に持ち込んではいけない。例えば自分が「原発は絶対に反対だ」という信念を持っていたとしても、原発に反対の側に有利な判断をしてはいけない。日常での自分の考えは一時忘れて、ディベートの試合の中ではディベーターの言ったことだけを真実として聞こう。ジャッジはすべて「白紙」の状態からスタートしなければならないのだ。

| 第1章 アカデミックディベートのススメ | 第2章 ゲームとしてのディベート | 第3章 ディベートの流れをつかむ | 第4章 立論する（肯定側立論） | 第5章 反論する（否定側立論） | 第6章 リサーチをする |

| 試合の準備をする | ジャッジする |

日常での常識ですら，基本的にはディベートに持ち込んではいけない。例えばディベーターが「ストレスは体にいい」と言い出したとしても，「そんなことはうそだ」と聞き流してはいけない。それに十分な理由づけがなされており，相手からの反論が十分でなければ，それがそのディベートのラウンドの中の「常識」になるのだ。

> **ジャッジは「白紙」**
> **ディベーターが言ったことだけが，ラウンド中の真実になる。**

◆試合後のコメント

試合後には，ディベーターが勝敗の理由を納得できるように，ジャッジがコメントをしてあげるとよい。その際には，フロー・シートを見せながらここの議論ではこちらが勝っており，こことここの比較を行うとこちらが勝っていたなど，ジャッジの判断の流れを示してあげよう。スピーチについても，「ここのスピーチのこういうところがよかった」などよかった点を見つけてほめてあげるとよい。ディベーターが今後自分たちの議論を改善していく上で，ジャッジからのコメントは非常に有益になる場合が多い。

スピーチのコツ

次に，ディベーターの立場から，ディベートではどのようにスピーチをすればいいのかというコツを解説しよう。

スピーチのコツ

◆ジャッジと聴衆を見ながら

　初心者で自信がない人にありがちなのが，下を向いて原稿を見ながらスピーチをしてしまうという場合である。はずかしいから観客を見たくない，ともかく早く終わって欲しいという心理が働いているのだろう。

　このスピーチの方法には，2つの問題がある。1つは，下を向いていると声が机に落ちてしまって遠くまで届かないということ，2つ目はジャッジや聴衆の反応がわからないということだ。

　原稿を見ながら話すのはかまわないが，その場合には原稿を上の方に持って，背筋をのばし，頭は前に向けて，時々視線を原稿に落としながら話すようにしよう。自分の口と聴衆を結んだ線の間に原稿があると声が反射してしまうので，原稿はそれよりも少し下にする。

　視線をジャッジや聴衆に向け，反応を見ながら話をしてみよう。ディベートの目的はジャッジを説得することなので，ジャッジが理解しているかどうかということが一番重要である。おそらくジャッジは，よく理解できない時は首をかしげたり，納得したときはうんうんとうなずいたりと，何らかの反応をしているだろう。それを見ながら話をすれば，首をかしげている時は丁寧に説明したりと，効果的に説得することができる。

　人間は「誰に向かって話しかけているのか」ということに案外敏感である。大勢の中でも，特定の人に向かって話しかければ，その人は自分が話しかけられたと気づくことができる。聞いてほしくないと思いながらのスピーチにはやはり誰も耳を傾けないし，「自分に向かって話している」と思えば，自然と耳を傾ける。「どうしてもこれを伝えたい」と思って話をする時は，2人の場合でも一生懸命目を見ながら話をするのと同じことで，相手が大勢の場合でも「この人に伝えたい」と思えば自然にそちらを向くし，声が届くようになる。

　これは上級編だが，教室の中の全員に向かって話をする時には，まず右から左に視線を移したら次は左から右へと，まんべんなくゆっくりと視線を移しながら話をするといい。

また，対戦チームの方を向いてスピーチをする人もいるが，説得するべき相手はあくまで対戦相手ではなくジャッジである。ジャッジの方を向いてスピーチしよう。

> 説得する相手は，ジャッジ。ジャッジを見てスピーチする。
> 伝えようと思えば，声は届く。

◆ 自信を持つ

　同じことを話している場合でも，自信ありげに話している場合と自信がなさそうな場合では，圧倒的に前者の方が「信頼できる」という印象を持つ。ジャッジも，自分の判断に自信が持てないときがある。その時には，自信ありげに話している側の方が正しいことを言っているように聞こえる。つまり自信ありげに話している方が説得力がある。一方が「自分たちは勝ってますよ」と言わんばかりに堂々とスピーチをし，もう一方がおどおどとスピーチをしていれば，ジャッジは自信ありそうな方が勝っているのだろうと考え，それに基づいて判断をするだろう。

　だから，実際に自信があるかないか，勝っているのか負けているかに関わらず，いかにも自信があるようにスピーチをしてみよう。ふりをするだけもかまわない。それだけで，勝率が変わってくるはずだ。

　自信ありげに，というのは演台に立ってスピーチをする時だけでなく，スピーチ前に演台まで歩いていく時，スピーチが終わった後の態度も重要である。たとえスピーチが終わってから重大なことを言い落としたことに気づいたとしても，まちがっても「あっ！しまった」とは言ってはいけない。いかにもちょうどここで終わりたかったんです，というように締めくくる。

　スピーチ時間もオーバー気味に終わるよりも，終了15秒前の1/4のサインが出たところぐらいで終わる方が格好いい。

スピーチのコツ　　まとめ

> **自信のありそうな人が勝っている。**

◆自分で調べたことは自信を持って話せる

　そうはいっても自信たっぷりになんかスピーチできない，という人のために。友達と話す時も，自分の趣味のこと，自分の好きなことについては自信を持って話ができるのではないだろうか。そう，人は自分のよく知らないことについては話ができないが，よく知っていることについては自信を持って話ができるのだ。自分で一生懸命リサーチをし，苦心して作り上げた内容なら，きっと自信を持って話ができるのではないだろうか。きっと人に話したくてたまらないだろう。だから，立論を作るときには人任せにしないで，積極的に関わろう。

　そうはいっても人前で話そうとするとあがってしまう，という人に。大勢の視線を受けるとあがってしまう，というのは誰にでも起こること。失敗したらどうしよう，と心配になるからだ。では，それをどうしたら克服できるのか。心理学では，他者が存在する場合には覚醒水準が高まるため，未習熟な課題ではミスが増えるが，習熟した課題ではより上手に課題を達成できるということが報告されている（Zajonc, 1965）。つまり，何度も何度も練習を繰り返して，自信を持ってしゃべれるようにすればいいのだ。反駁の担当だから原稿もないし練習できない，という人は誰かに相手をしてもらって練習試合をしたり，フローをもとに1人でもぶつぶつと声に出して練習するといい。

◆コメントを聞く

　試合が終わったら，ジャッジやクラスメイトにコメントをもらい，どこがスピーチの中でよかった点で悪かった点なのか，指摘してもらおう。それを今後のスピーチに活かせば，だんだんと改良していけるだろう。

　試合の判定の中で，「自分はこう言ったのにジャッジは聞いてくれなかった」「違う意味で解釈された」など不服な点があるかもしれない。しかし，どんな

に不服だったとしても，それはジャッジに正確に伝えることができなかったという意味で，話し手の責任なのだ。もちろん，ジャッジは最大限話を注意深く聞く努力をすべきだが，ジャッジが集中していなければ注意をひくように，メモをとるのが遅い人ならばゆっくりとしゃべるように，ジャッジの特性にあわせてスピーチをするのがディベーターの責任なのだ。

> 「ジャッジは神様」
> ジャッジに聞いてもらえるように，ディベーターがあわせる。

まとめ

　この章では比較的正式な形での試合の方法を紹介したが，ディベートの目的はそれだけではないので，授業の目的によっていろいろな方法でディベートを楽しんでもらえればいいと思う。ディベートの最も基本的なルールは1つの議題について肯定側と反対側に分かれて交互に話すということであり，1回のスピーチが何分かといった細かいルールは副次的なものである。

　ここまでのディベートのプラクティスの中から，ディベートの基本的考え方を学んでもらえれば幸いである。ディベートの根本となっている論理的な考え方やパブリック・スピーチの方法を身につければ，必ず現実社会でも役に立つだろう。第3部では応用編として，教育現場でのディベートの取り入れ方，社会でのディベートの応用の仕方を取り上げる。

コラム9：ディベートおすすめ練習法

　私はディベートは一種のスポーツ競技だと思っています。入念な準備と制限時間内で相手との応酬。ディベートはスポーツ同様，地道な練習で結構何とかなるものです。

①人のマネをする

　スポーツは見ているだけでは，上手くなりません。ディベートも同じです。まずは自分でやってみること。そのときに上手な人の真似から入るのがお薦めです。なぜって，真似すると結構うまく行くし，うまく行くと気分もよくなってまたやりたくなるからです。それに他の人ができることなら，自分もできそうな気がしません？

②自力で立論を作る

　自分の問題意識を基に立論を作ってみましょう。論点が最初からある程度見えているし，関心も高いのでリサーチが楽しめます。構成を自分で考えないといけませんから，肯定側立論3要素の意味がハラに落ちてきます。

③グレートなディベートに接する

　ESSで流行っていたのがNDT（National Debate Tournamentの略。アメリカの大学ディベートのメジャーな大会）のテープを聞くことでした。もの凄い早口なのでほとんど聞き取れないのですが，何だかグレート。少しずつわかるようになるとちょっと嬉しかったりします。各地で行われるディベート大会の決勝戦を見に行くのもオススメです。会場の熱気を体感し，その場に主役として登場することの意味を感じ取ってください。大勢の前で目立ちたいな，やっぱり勝ちたいな，明日からまたがんばるぞと思えてきます。

（ともすえ　ゆうこ）

「ESS・名古屋地区大会の後で」

第Ⅲ部
ディベートを活かす

第 10 章

教育の中のディベート

　この章では，授業の中でどのような形でディベートを導入することができるか，考えてみたい。大学の授業でディベートを行った実践例をいくつか紹介する。やってみると，思わぬことがいろいろと起こる。これらの例が参考になれば幸いである。いろいろな問題が生じる一方で，思いがけないメリットも発見できるのではないだろうか。

ディベートで学ぶ

　授業でディベートを取り入れる理由としては，「ディベートを学ぶ」ことを目的とする場合と，「ディベートを使って何かを学ぶ」ことを目的とする場合がある。「ディベート」や「コミュニケーション」といった授業科目では，ディベートを学ぶこと自体が主要な目的となるだろう。一方，ディベートの方法を学ぶ目的以外でもディベートを授業に取り入れることができる。

　例えば，政治学の授業の場合，「日本は首相公選制を導入すべきである」といった論題でディベートを行うことによって，学生がよりこの問題を深く考えることができるだろう。経済学なら「日本は公定歩合を引き上げるべきである」など経済関連の論題で，経営学ならばどのような経営手法を取り入れるべきか，などで議論することもできる。法学の授業ならば，ある事件を設定して弁護側

と検察側に分かれ、「有罪か無罪か」でディベートすることも十分考えられる。理系でも、例えば医学部の場合には「カルテは患者に開示すべきかどうか」「代理母による出産を認めるか」など医療倫理に関する問題には事欠かない。体育の授業であっても、「スカッシュを体育の授業に取り入れるべきか」などの論題でディベートすることができる。

　これらはほんの一例だが、複数の意見が可能な事例ならばどんなことでもディベートを応用することができる。ある分野について学ぶためにディベートを用いることのメリットは、第1に学生が能動的に取り組むことができるという点である。専門分野についてディベートを行うためには、事前に何らかの知識を仕入れておく必要があり、リサーチが必要である。またある問題について自分で是か非かということを問いかけるのは、単に授業中に「こういう議論もあります」と聞くのに比べてはるかに深い思考を必要とする。第2に他の学生と対立する立場で議論を行うことで、1つの問題についてもさまざまな意見が可能であることを知り、異なる意見に耳を傾ける訓練になる。ディベートで相手に的確に反論するためには、真剣に相手の話を聞かなければならないからである。複数の視点から見ることで、問題を立体的にとらえることができる。

　もう1つのディベートのメリットは、パブリック・プレゼンテーション形式でのコミュニケーションの方法を学ぶことができるということである。大勢の前で話すことは学生は通常慣れていないので、引っ込み思案になりがちである。ディスカッションの場合にはよく発言する人とまったく発言しない人に分かれてしまったりする。しかしディベートはスピーチの時間と順番が決まっていて話さなければ勝つことができないので、誰でも平等にスピーチをすることになる。ディベートはゲームであり自分の意見をそのまま述べるわけではないことと、ゲームに勝ちたいという動機づけもあって、ふだん引っ込み思案な人もついつい一生懸命話してしまうのではないだろうか。

> ディベートは，議論をボールにしたゲーム。
> このゲームを楽しむ中で，自然に議論がうまくなる。

実際の取り組み例

　ディベートを大々的に授業に取り入れている大学の一例としては，立命館大学政策科学部がある。この学部では，1年生は全員が基礎演習でディベートを行うことになっている。政策科学部の理念は「社会の様々な問題に対して解決をめざす」学生を養成することであり，学部創立当時からディベートを学部教育の一環として位置づけている。アメリカでは「ディベート学部」というものも存在するが，日本では学部単位でディベートを導入しているところはないので，興味深い取り組みだと言える。

　政策科学部の佐藤満教授はディベートの目的を次のように語っている。「政策について学ぶ，ということも1つの目的だが，正しい答えを求めるために学ぶのではない。高校生は単純に政策は正しいことをすればいいんだと考えがちだ。ディベートの目的は，その幻想を壊すことだ。実際は世の中にはいろんな意見，いろんな立場の人がいる。その調整が政策なのだ。単純に多数決を取り入れればいいわけではなく，いろんな考え方にいろんな正しさがある。自分の意見と違うからといって間違いとはいえない，ということを学んで欲しい。」

　この目的は前節で述べた目的の2つめ，1つの問題にもさまざまな意見があることを知る，ということと対応している。ディベートでは異なる意見の人と議論を行うが，それは異なる意見を知る，ということでもある。

　この学部の取り組み方法は，1学年約300人を35人ずつぐらいのクラスに分け，クラスの中でさらに5，6人ずつ6班に分けて行う。1回の授業ではうち2班が肯定側と否定側になってディベートを行い，他の4班が聴衆となる。前

期約12回分の授業をディベートにあてる。ディベートの論題としては、政治分野では「国民背番号制を導入すべきか」「サマータイム制を導入すべきか」、教育分野では「飛び入学は是か非か」「国公立大学を独立行政法人化すべきか」、経済分野では「銀行に公的資金を投入すべきか」などが取り上げられた。論題は、最初の授業でどのような論題でディベートしたいかアンケートを行い、それに基づいて決める。

この学部の取り組みで注目すべき点は「メンター制」を取り入れている点である。「メンター制」とは、年輩の者や経験を積んだ者が後輩や新入者などにアドバイスを行うことをいう。ジャッジを行うのは主に教員だが、教員一人で何十人という学生にディベートの指導を行うのは至難の業である。そこでこの学部ではすでにディベートを経験した2回生以上にメンター[1]として参加してもらい、1回生の指導をメンターにまかせる。2回生以上の参加は自由意思にまかされボランティアだが、志願者は多くメンターが不足したことはないという。上級生にとっては、下級生の指導をすることは自分自身の勉強にもなるし、学年を超えたつながりもできる。メンター同士のつながりもあり、一種のサークルのようになっている。

学生は試合前には合宿をすることもあるぐらい熱心に取り組んでおり、新入生の中にはディベートを目的に政策科学部に入学する学生もいるという。ただ、この授業ではディベートの技術を磨くこと自体が目的ではなく「ディベートは手段」として位置づけられているため、ディベートに勝つことにのみ目がいってしまうのは問題であると認識されている。確かにディベートに熱中するとディベートの勝敗に目を奪われてしまいがちであり、特に学生間でディベートの習熟度に差がある時には、技術を身につけた者が簡単に勝ててしまう。表面的な技術を競うのでなく、問題の分析の深さを競いあう必要がある。ただ、ディベートの試合も最初のうちは言い回しを身につけた人や口の立つ人が有利だが、一定のレベルに達すると論理の組み立て方を身につけた人、考えることの

---

1) 立命館では「オリター」と呼ばれている。

できる人が勝てるようになってくる。

　今後の課題として，佐藤教授は次のことをあげた。(1) 論題の選び方に失敗すると最初から勝敗が決まってしまう。一方の側に有利な論題は避けなければいけない。(2) もっと本格的にリサーチしなければわからないような論題でも，学生は十分にリサーチせずにやってしまう。法律用語などの専門用語は，言葉の定義を十分に調べる必要がある。言葉の定義が重要なのは，ディベートでは論題によってその枠組みが決まるので，論題の解釈が間違っているとそもそも試合にならないからである[2]。

　次に「教育行政」の授業でディベートを取り入れる試みを行った山口和宏氏の報告を紹介したい（山口, 1995）。山口氏は学生に「研究活動」の楽しさを味わわせたいと思い立ち，自身も初体験であるディベート授業に取り組んだ。氏は参考文献などを調査した結果，「調査・研究活動への動機づけ」「視点の複数化」「人前で話す練習」の3点を目的としてディベートを全面的に取り入れることにした。

　具体的な方法としては，1回目の授業ではNHK教育テレビで1990年に放送された「青春トーク＆トーク　体罰は許されるか？」を録画したテープを見せ，29名の学生を12の班にグループ分けした。論題は「体罰は許されるか？」「制服は必要か？」「学校は完全週5日制にすべきか？」「学校給食は廃止すべきか？」「偏差値はなくせるか？」「すべての高校が単位制になればよいか？」の6つであった。その後，1週ずつ1つの論題でディベートを行った。

　最初のうちは学生も不慣れなため，立論が2分で終わってしまって時間をもてあます，声が小さくて聞き取れないなどさまざまな問題が生じたが，回数を重ねるごとにディベートの質が向上していった。

　「調査・研究活動への動機づけ」という目的については，学生のレポートで

---

[2] ちなみに，ESSディベートでは肯定側のプランが論題に適合しないことをNon-topicalという。肯定側の役目は論題を支持することであるので，Non-topicalであることが証明された時点で，肯定側の負けとなる。

| 第7章 エビデンスを使う | 第8章 戦略を立てる（反駁） | 第9章 試合をする | 第10章 教育の中のディベート | 第11章 社会の中のディベート | 付録・文献索引 |

ディベート嫌いを作らない　　**ディベート授業を振り返る**

「図書館へもディベートのことがあるまでは，ほとんど行ったことがなかったのに，何度も足を運びました」といった意見が多数聞かれるなど，ほとんどの学生は積極的なリサーチを行っていた。「視点の複数化」については学生は次のようにレポートしている。「このディベートで，制服についてこんなにいろいろな意見があるということに気づきました。私は今まで，1つのことをここまで深く考えたことはありませんでした。制服が必要か必要でないかということにかぎらず，何に対しても考えれば考えるほどいろんな意見がでてくるし，見方を変えたりできるものなんだなと思いました」。「人前で話す練習」については，「みんなの前で"自分の意見を主張する"という場が持て，2回生から行く教育実習に向けてのよい練習になり，少しは"度胸"もついたんじゃないかと思いました」などの意見があった。

山口氏は今後の課題として次の3点をあげている。1つは，今回は論題を疑問形にしたが，「制服は廃止すべきだ」などのように断定表現にした方が，肯定側の立証責任が明確になるため議論しやすかったという点である。2点目は，最初にディベートを行う学生が苦労をするため，本番の試合を行う前に予備練習的に簡単なディベートを1，2回体験させておいた方がよかったとしている。ディベートがまったく初めてという人にとっては，いきなり人前でスピーチを行うのはかなりの試練なので，最初は簡単なプラクティスから行うとよいだろう。この点については，次の節でも触れる。3点目は，リサーチが思うように進まない学生もいるため，リサーチの進行状況を適宜チェックし，アドバイスをすることが必要だったと述べている。中にはリサーチの方法がわからなくて袋小路に入り込んでしまう学生もいるので，誰かが時々アドバイスをできると理想的だが，非常勤の場合や学生数が多い場合は，なかなか全員に目を向けるのは難しい。その点，メンター制があれば経験者がそばでアドバイスをすることができて，リサーチがスムーズにいきやすいだろう。

筆者自身の授業の中では，「人間関係文化論」という半期の授業の中で5回ほどディベートを取り入れている。授業の中で取り上げたテーマについてディ

| 第1章 アカデミックディベートのススメ | 第2章 ゲームとしてのディベート | 第3章 ディベートの流れをつかむ | 第4章 立論する（肯定側立論） | 第5章 反論する（否定側立論） | 第6章 リサーチをする |

ディベートで学ぶ　　　実際の取り組み例

ベートを行うこともあるが，最初のうちは練習のためにごく簡単な論題，例えば山田家の例のように「夏休みは海に行くか山に行くか」などの話題でディベートを行う。人数は最初は1対1や2対2の少人数で，かつ学生にとって身近でリサーチなしで話せる論題で行う。時間も1ラウンド15分-20分程度で終了する短いバージョンである。その後だんだん慣れてきたら6人ぐらいのグループを編成して，グループ対抗のディベートを行う。グループ対抗の時は，約20人のクラスであったので全部で4チーム作り，2チームずつ組にして同時に2試合並行で行った。それぞれの試合に学生をタイムキーパーやジャッジとして配置し，交互に様子を見に行った。この方法だと教員が試合全部を通して見ることができないので，その時は行わなかったが，レコーダーやビデオをセットして試合を記録するのもいい方法だろう。

　授業に関連した内容では「すべての小学校で英語教育を導入すべきである」という論題でディベートを行った。肯定側は「小学校から英語を学んだ方が生きた英語が身につく。そしてこれからの国際交流のためには英語の力が必要だ」と主張する。否定側はそれに対し「国際交流のためには英語を学ぶよりも日本文化をもっと学んだ方がいい」などと反論し，外国人とのコミュニケーションのためには言語が必要なのかそうでないのか，という議論に発展した。「英語でなくて文化について学ぶ授業を作る」というカウンタープランを考えるチームもあった。デメリットとしては「日本語の力が不十分な小学校1年生から英語を学ぶと，日本語も英語も下手なセミリンガルになる」という議論が出された。

　大学でインターンシップに参加した学生に単位を認めるかどうか議論があった時には，「大学はインターンシップに単位を認めるべきである」という論題で授業でディベートを行った。肯定側は「インターンシップに単位を認めればインターンシップに参加する学生が増える。インターンシップに参加することは学生にとって就職に有利だし，企業も学生を知ることができる」と主張した。否定側は「インターンシップに単位を認めると本来やる気のない学生も単位の

ためだけに参加し、学生の質が落ちる。かえって企業に悪印象を与える」と反論し、白熱した議論が展開された。これは、大学の視点とは異なった観点であり、興味深い議論であった。論題を発表した時には「『インターンシップ』って何ですか？」という反応が多く、インターンシップについて知らない人が多かったが、リサーチを進める中でインターンシップへの関心が高まったようであった。資料は最初にホームページからダウンロードした簡単なインターンシップの紹介文を配ったのみで、後は学生のリサーチにまかせた。

筆者の授業で課題として感じた点は、1つは「皆の前で意見を言うなんてできない」とパブリック・スピーチに抵抗感を感じる学生もいるため、どうやって全員の動機づけを高めるかという問題であった。2つ目は、試合は1回では深まらないし反省点を次に生かすことができないので、同じテーマで何度か試合を行うとよいかもしれない。

ディベート嫌いを作らない

授業としてディベートを行う場合には、学生の個性に注意することが必要である。クラブや同好会などでディベートを行う場合にはディベートに興味がある人だけが集まっているので問題ないが、授業の場合には人と議論すること、さらには発言することそのものが嫌いな学生もいるので、この点が難しい。中には一度も授業で発言したことがない学生がいても不思議ではない。これらの学生がディベートに拒否感を抱かないように、また議論から取り残されないように注意しながら進める必要がある。

いきなり大人数の前で1人でスピーチをするということには抵抗感がある人が多いので、最初は少人数から練習を始めるとあまり緊張を与えずにすむ。最初は2人組で1対1のディベートを行い、続いて2対2、それに慣れたら4～6人のグループを作り、グループ対抗でゲームを行うというように、徐々に少人数から大人数でのディベートへ移っていくと比較的抵抗なく取り組めるので

はないだろうか。最初のうちはスピーチ時間が長くてもあまり話せない人がいるので，初めは立論は1回3分のように短いフォーマットで行い，徐々に4分，5分と長くしていく。あるいは，慣れないうちはスピーチの順番を決めずに，肯定側の番なら肯定側の誰でも発言してよい，というルールにする方法もある。また，リサーチに関してはグループの中でメリットを作る人，デメリットを作るひとのように分担を決め，全員が貢献できるようにするといい。

もちろんどんなに数学のベテランの先生のもとでも数学嫌いがいるように，中には「自分はディベートに向かない」と思ってしまう学生がいることは避けられないが，ディベートは特別な人しかできないことではなく，日々のコミュニケーションと本質的には変わらない。スピーチをする時には誰でも緊張するので，なるべくそれぞれのスピーチのいい所を見つけてほめるなど，肯定的なフィードバックを返してすようにしてみてはどうだろうか。

> **最初は少人数，短い時間から。シャイな人も
> ディベートに取り組めるように。**

ディベート授業を振り返る

❖アンケートを行う

ディベートの授業が終わったら，アンケートを行ってみると，学生の反応がよくわかる。来年度の授業はどれぐらいの進度にすればいいかなど，参考になるのではないだろうか。アンケートは，いくつか質問項目を設定して回答してもらう形式，自由回答で回答を書いてもらう形式などがある。

筆者の授業では，次のような項目でアンケートを行った。

1）またやってみたいと思う

2）リサーチの方法がわかった
3）自分には向いていないと思った
4）人前で話すのが緊張した
5）おもしろかった

それぞれの質問項目について，「1.まったくそう思わない」～「5.非常にそう思う」の5点尺度で回答してもらった。その結果を表10-1に示す。

「自分には向いていないと思った」「緊張した」については「そう思う」という人と「そう思わない」という人に分かれたが，「またやってみたい」については「そう思う」という回答が大半であり，「おもしろかった」については全員が「そう思う」と回答していた。

表10-1　アンケートの結果

	そう思わない	どちらでも	そう思う
またやってみたい	1	2	18
リサーチの方法がわかった	5	6	10
自分には向いてないと思う	7	8	6
人前で話すのが緊張した	8	2	11
おもしろかった	0	0	21

注　$N=21$
「まったくそう思わない」と「あまりそう思わない」を合わせて「そう思わない」とし，「ややそう思う」と「非常にそう思う」を合わせて「そう思う」として集計している。

自由回答では，次のような意見があった。

「ディベートがとてもおもしろかったです。高校時代にやったことがあったので，とても楽しみにしていました。高校の時も準備はとても大変だったけど，とても充実感がありました。今回も少し我を忘れて反論してしまいました。またやってみたいです。今度はもっと冷静になれたらいいと思います」。

リサーチの面白さを知ったという感想もあった。

「新聞というのは大変すごい情報源であるということがわかりました。スクラップはおもしろいものです」。

「インターンシップということに対して何も知らなかった。だから，ディベ

| 第1章 アカデミックディベートのススメ | 第2章 ゲームとしてのディベート | 第3章 ディベートの流れをつかむ | 第4章 立論する（肯定側立論） | 第5章 反論する（否定側立論） | 第6章 リサーチをする |

ディベートで学ぶ　　実際の取り組み例

ートという機会を通して，いろいろ知ることができた。新聞記事を見ても，これまでだったら素通りしていただろうけど，興味関心を持ってその記事に接することができるようになった。ディベートには1つのことについて掘り下げる機会になる，というメリットがあると思った。あと，やはりうまく相手を説得できないことがとてももどかしかった」。

うまく話せないことにもどかしさを感じる，という感想は他にも聞かれた。

「ディベートは，意見もごちゃごちゃしたり，言いたいことを相手にうまく伝わるようにスピーチできなかったりしたけど，もうちょっと勉強してからやったらまた楽しいだろうなと思います」。

また，大学では遅すぎるのでもっと早い時期からディベートを取り入れた授業をすべきだ，という進んだ（！）意見もあった。

「今の日本のディベート教育の場では，ディベートをしながらディベートという概念を生徒に紹介するという程度にとどまっています。しかしそれでは理論的思考の訓練という域まではとうてい及んでいません。このような現状を打破するためには，大学からディベートをやっていたのでは追いつきません。思考の方法としてのディベートをもっと定着させるべきです。…ディベート自体が目的となってしまっては，高度な学問の追究をめざす大学としては，少々レベルの低い話になってしまうのではないでしょうか。そうならないため，あわせて，小中高の教育課程の見直しが必要だと思います」。

❖ 思わぬメリット

ディベートを授業に取り入れることによって，さまざまな発見がある。山口氏は教員にとって予想外のメリットがあることを発見した。

① **準備が楽**　　学生が主体的にリサーチを行って知識を獲得していくので，教師は見守るだけでよい。教員がすべての教材を準備する必要がない。2回目以降は司会も学生にまかせればよい。これは楽である。

② **楽しい**　　ディベートではそれぞれの学生の個性が表れて，見ていると実に

楽しい。
③話に集中する　学生はディベートによってそれぞれの論題の問題点を把握しているため，フォローアップの講義では学生が熱心に耳を傾ける。自分の話す言葉が紙に水が染み込むように吸収されるのは気持ちがいい。

　ディベートを授業に取り入れるというと，新たな試みであるだけに教員の負担が増えるように聞こえるかもしれないが，実はそうではない，ということを山口氏は指摘している。学生に能動的な学習を促すということは，教員が講義の時間全部を取り仕切らなければいけないという責務から解放されることでもある（もちろんそれを目的に導入するわけではないが）。高等教育の目的は教員が学生に知識のすべてを与えることではなく，学生が自分で学ぶ力や考える力をつけるのを支援することである，と筆者は考える。だから，教員はなるべく出しゃばらず，学生の潜在的な力にまかせてみてはどうだろうか。

> 魚を与えるのでなく，魚の釣り方を教えよう。

| 第1章 アカデミックディベートのススメ | 第2章 ゲームとしてのディベート | 第3章 ディベートの流れをつかむ | 第4章 立論する（肯定側立論） | 第5章 反論する（否定側立論） | 第6章 リサーチをする |

ディベートで学ぶ　　実際の取り組み例

コラム10：高校でのディベート学習

　今，小・中・高の学校教育では，これまでの一方通行の授業を改め，学生も主体的に参加できる授業作りが広がっています。なかでもディベートを利用した授業作りは全国的にも実践が進んでいます。

　ディベートを最も利用しやすい教科としては社会があげられます。社会の授業は，とかく受け身で，特に昼休み直後の授業は睡眠時間になりがち。でも，ディベートを取り入れることで，楽しい参加型の授業に様変わりします。「刑法の適用年齢を下げるべきか」等の社会問題を取り上げる場合や，歴史上の人物を取り上げて「カエサルとアウグストゥスはどちらが魅力的な男か？」等をディベートする場合もあります。学生は，そのテーマ・人物に関連する情報を調べ自分の頭で検証することで，知らず知らずのうちに知識を覚えていきます。それまでは関心のなかった教科書・資料集が情報の宝庫に変わり，夢中で読むようになったりもします。

社会だけではありません。国語や理科，数学の授業でもディベートを取り入れる動きが広がっています。平成14年度（高校は15年度）から完全実施される「総合学習」「情報」でもディベートの利用は特に推奨されています。このままで行くとディベート慣れした日本人がこれからどんどん増えていくかも？！（めんじょう　よしたか）

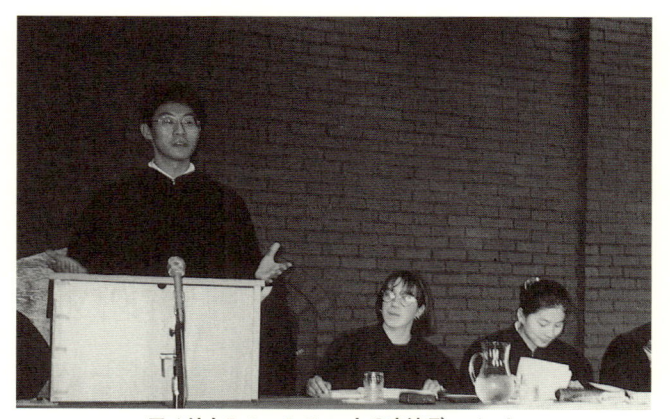

アメリカ Bates College との交流ディベート

| 第7章 エビデンスを使う | 第8章 戦略を立てる（反駁） | 第9章 試合をする | **第10章 教育の中のディベート** | 第11章 社会の中のディベート | 付録・文献索引 |

ディベート嫌いを作らない　　**ディベート授業を振り返る**

就職活動に活かすディベート

第 11 章

社会の中のディベート

就職活動に活かすディベート

　ここまでの章では教育場面でのディベートについて書いてきたが，この章では少し方向性を変えて社会とディベートの関わりについて考えてみたい。社会の中でディベートをどのように活用することができるだろうか。学生にとって，社会との関わりの最初のステップになる就職活動をまず取り上げる。

　会社に就職するまでには，書類選考，面接，グループ・ディスカッションなど数々の難問をくぐりぬけなければならない。やみくもに就職活動をスタートするよりも，ディベートを知っている人はディベートを生かした就職活動をしてみよう。

◆自己分析とブレインストーミング

　就職活動において重要なことは自分の立場を明確にすることである。具体的には「自分の人生において何が重要で，どのような問題があり，なぜその企業で働くことが必要であるか」である。これは人生におけるその企業の位置づけを明確にすることであり，就職活動を行うための現状分析である。就職活動においては論題が「私は○○企業に就職すべきである（あるいは○○企業は私を採用すべきである）」であり，そのために必要な情報をいかに面接官に対して

職場で活かすディベート
コンサルティング業界の例から

プレゼンテーションするかである。

しかし，多くの大学生と話をしていると，就職活動をする前に自己分析が必要だと本を読んでわかっていても，どのように自己分析を行っていいのかわからない人，うまくできずに困っている人をたくさん見受ける。そんな折にディベートのテクニックを活用するとちょっとしたブレイクスルーにつながるのではないだろうか。

「なぜ，この会社を志望するのか」はおそらくどこの会社の面接にいっても聞かれる質問だろう。その問いに答えるために，自分の中でブレインストーミングをしてみよう。ブレインストーミングでは，思いつくままに自由にアイデアを出していけばよい（詳しくは第6章参照）。もちろん，自分一人でなくて他の人を巻き込んでやるのも意外なアイデアが出ていいかもしれない。その時，次の問いを考えてみよう。

「なぜ，自分は就職活動をするのか」
「なぜ，その業界のその会社を受けるのか」
「なぜ会社は面接をするのか」

これらの問いに1つの正解はなく，答えは各個人それぞれにある。重要なのは自分自身の動機づけを明らかにすることである。

この作業には先に述べたリンクマップ（第4章参照）を用いるのが有効である。ブレインストーミングによってでてきたアイデアを元にまとめてみるとよい。（図11-1参照）

> **自己分析にブレインストーミング，リンクマップを使う。**

就職活動を行う理由が自分なりに明確になってきたら，次は業界の絞り込みと会社選びである。立論を立てる時と同じようにブレインストーミングして，その企業を選んだ理由を考えてみよう。自分が就職において重視する点は何か

就職活動に活かすディベート

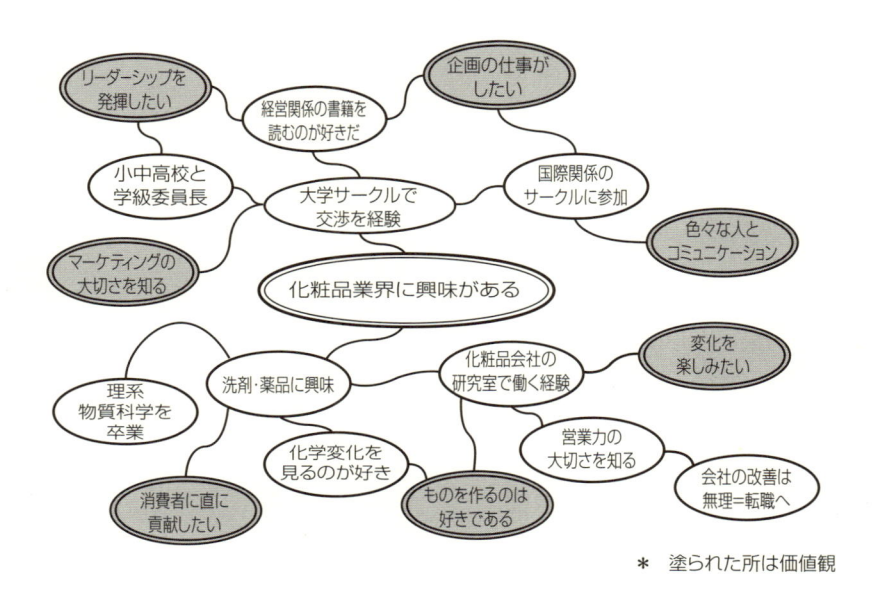

図11-1　リンクマップ：化粧品業界を志望する場合の例

＊　塗られた所は価値観

（給与，社員教育，安定性，休暇などについて優先順位をつけるとすると，上位にくるのは何か）。その企業でなくてはならない理由は何か。他の企業と比べてその企業の優れている点は何か，を探るのである。

❖ なぜ？を重ねる

　筆者の経験上，自分自身がなぜその業界を目指し，なぜその会社なのか明確な答えを導けない学生は多い。まずは興味のあることを考え，「WHY（なぜ？）」を最低2回以上繰り返して掘り下げていけばよい。外資系企業のIBMでは，1つの事象に関して10回の「WHY（なぜ？）」を考えよと社員たちに教育しているとのことである。どうしてこの「WHY（なぜ？）」を繰り返すのかといえば，これにより，物事の理由とその理由に隠された大前提，自分

| 第7章 エビデンスを使う | 第8章 戦略を立てる（反駁） | 第9章 試合をする | 第10章 教育の中のディベート | **第11章 社会の中のディベート** | 付録・文献索引 |

職場で活かすディベート コンサルティング業界の例から

自身の価値観を見出すことが可能となるからである。また，「自分はこれまで何を行ってきたのか」と問いかけるのも有効である。

1つ例をあげてみよう。ＳＥ（システムエンジニア）になりたいと思って就職活動をしている学生の場合である。

「私はＳＥになりたい」（なぜＳＥなの？）
（答え①）
→　なぜならば，ＩＴは社会に必要とされ，無限の可能性を感じるから
（どうして必要とされる所にいたいの？）
→　他人に必要とされていることをしたいから
→　可能性の高い業界でチャレンジしたいから
→　将来につながる仕事をしたい。
（答え②）
→　なぜならば，私の特性を活かせるから
　自分は相手の問題を聞き取り，アドバイスをすることが好き。ＳＥはそのような仕事であると聞いている。（本人の資質，価値観，好きなことの提示）

◆相手のニーズを探る

就職は，自分が希望しているというだけでは十分ではない。相手からも必要としてもらわなければならないのだ。就職活動は自分という商品を企業に対して的確に売り込むことにある。相手のニーズを探りだし，相手のニーズに合わせて自分を売り込むことによってより有利に就職活動を展開できる。就職活動において，ＯＢ訪問，業界分析，企業分析を行うのはそのためである。ディベートの訓練の中で身につけたリサーチ力を活用して，希望企業の情報をあらいざらい収集しよう。

業界の情報収集のためには，「日本経済新聞」「日経ビジネス」やそれぞれの業界紙（例えばマスコミ希望なら「放送文化」（ＮＨＫ出版），アパレル関係で

就職活動に活かすディベート

は「ファッション販売」(商業界)など)が強い味方である。また「会社四季報」など株式投資関連雑誌も参考になる。インターネットで企業のHPをチェックするのは基本として，Yahoo!ファイナンスの各企業の掲示板[1]も生の情報に触れることができる。また情報収集の際，同じ分野の企業に就職活動を行っている他の学生の情報も貴重である。学生同士のネットワークを大切にしよう。インターネット上の情報やメーリングリストなども重要である。例えばジョブウェブというページでは，就職活動中の学生同士の情報交換を支援している。

　　ジョブウェブ：http://www.jobweb.ne.jp

　リサーチによって企業の状況がわかってきたら，作戦を練る。「貴社は現在このような状況におかれており，△△の点が現在の問題です。この現状を変えるためにはこういうプランが必要だと思います。そのために私でしたら○○ができます」などのようなスピーチができれば，単に自己アピールするよりもずっと効果的である。

> 自分を売り込むためには，情報収集で相手のニーズを探る。

◆エントリーシートにディベートを活用する

　就職活動で忘れがちなのが，自分が提出したペーパー(エントリーシート)も面接当日の重要な武器であるということである。逆にいえば，面接当日は，提出したペーパーを活用して話を組み立て，論理的矛盾のないように話せば内定を勝ち取る確率は高くなる。何を訴えたかったのか面接官が明確に認知しやすくなるからである。

---

[1] Yahoo!ファイナンスのページには検索用ボックスがあるので，そこに目指す企業の名前を入れて検索する。するとその企業の株価などが載ったページが開くので，そこの「掲示板」と書かれたリンクをクリックする。

職場で活かすディベート
コンサルティング業界の例から

　エントリーシートを書くことはディベートで立論を組み立てるのと同じことである。現状分析，プランの提示，重要性など論理の組み立てを意識して書こう。通常のエントリーシートの文章は，説明文の羅列になっているケースが多い。立論の構造を頭に入れていれば，論理を掘り下げることができ，また明確に書くことができる。

> **エントリーシートにディベートの立論を応用する。**

❖面接当日

　面接官は「なぜ弊社を受けているのですか？」「今度どんな仕事をしてみたいのですか？」「弊社に入社したら何を行ってみたいですか？」「自分を動物にたとえると？（性格の特性を聞く質問）」など，さまざまな角度から質問を投げかけてくる。

　ディベートでも，質疑応答の時間があり「どうしてそうなるのか？」「論理的におかしいのではないか？」など容赦なく質問が降ってくる。しかも時間が限られていて，どんな質問にも的確に時間内に答えなければならない。これは圧迫面接に等しいほどである。しかし，ディベートにおいては質問をされることは忌避すべきことではなく，相手の問いに答えることでスピーチ時間に説明しきれなかった自分の考えをより詳しく伝えることができる。つまり，自分にとってチャンスの時間である。これは面接においても同じで，質問されることは自分の考えを説明するチャンスととらえて，

就職活動に活かすディベート

これを機会とばかりに自分の言いたかったことを言ってしまおう。

また，上述のように，自分の中で「なぜ？」という問いを何度も繰り返し，自分なりの答えを何通りも用意しておけば，動じることなく「なぜならば……」と答えることができるだろう。

> **面接官からの質問は，自分をアピールするチャンス。**

■ 職場で活かすディベート──コンサルティング業界の例から

ディベートノウハウをフルに活用することができる業界の1つは，経営コンサルティングや調査研究をつかさどるシンクタンクではないだろうか。なぜならばこれらの業種は，調査・検証を通したデータの提示，戦略提案を主眼としており〈現状の分析〉〈問題の重要性〉〈プランの提示〉〈問題の解決性〉の提供を最も必要とするからである。この節では社会でのディベート活用の一例として，コンサルティング業界でどのようにディベートを用いることができるかを筆者の体験に基づいて報告したい。

◆コンサルティング業界の特色

コンサルティング業界の特色は，現状の経営状態やマーケットを分析検証し，それに対して新たなる戦略を考察，データ検証を重ねた結果，次の企業戦略の実行へと解決方法を提示していくことである。この中にディベートで学ぶことができる立論作成能力，データ分析能力，プランへの理由づけといったノウハウが生きてくる。シンクタンクでは調査に主眼がおかれるが，調査報告にはかならず理由づけ，データが含まれ，調査結果をもとに意見を述べる。大学の研究者も同様であり，各個人の専門テーマについて独自の観点から分析を行い，

職場で活かすディベート
コンサルティング業界の例から

データに基づいて論文執筆を行っている。これらにはすべてディベートのリサーチ技術や立論を論理的に構成するノウハウを応用することができる。ディベート経験者で，コンサルティング業界に就職する人は多い。

　ルーティンで回っているセクションを除き，基本的に企業では日々さまざまな意思決定を行わなくてはならない。ディベートはその意思決定に有効である。現状分析やメリット・デメリット分析を活用することにより意思決定の手助けとなる。例えば，現状でシステム投資のために1000万円が必要だという提案があったとしよう。それがなぜ必要なのか，なぜ今必要なのか，そのシステムのもたらす効果は何か，それによって売上はいくら上昇する見込みか，問題点は何か，などさまざまな角度から検証することが必要となる。その結果を総合的に判断し，企業は1000万円投資の可否を決定するのである。

◆カイロプラクティクス治療院大改革

　ここでは実際に私が相談に乗った，カイロプラクティクス治療院の経営判断の例を紹介しよう。その経営者が，最近顧客が減ってきて困っていると私のところへ相談にやってきた。インターネットを使って顧客を増やしたいのだけれど相談に乗ってくれないかとのことである。彼はホームページを活用すれば，玉手箱のように顧客が集まってくるのではと大いに期待していた（そんなにうまくいくことはありえないのだが，この手の中小企業の経営者は意外と多い）。まず私はインターネット業界の現状（当時はインターネットバブル絶頂期で，ホームページが乱立していた時期）を説明し，通常のホームページを作っただけではまったく効果が上がらないこと，認知度が上がっただけでは顧客を獲得できないことを指摘した。つまり問題の内因性は，露出度ではなかったのである。自分の治療院の特性や立地など，なぜ顧客が減っているのかを彼に直接分析してもらうことにした。

　その結果，問題点は他の治療院との差別化が図れていないこと，きめ細かなサービスを行っていなかった点であることが明らかになってきた。それに対す

| 第1章 アカデミックディベートのススメ | 第2章 ゲームとしてのディベート | 第3章 ディベートの流れをつかむ | 第4章 立論する（肯定側立論） | 第5章 反論する（否定側立論） | 第6章 リサーチをする |

就職活動に活かすディベート

る改善案をディベート風にまとめると次のようになった。

1. 現状：顧客の数が減ってきている＝売上減（重要性・深刻性の把握）
2. 本当に顧客認知度が低いことが問題であったのか？（発生過程）
   本当の問題点の把握：この場合はサービスの方向性に問題がある。行かなくてはならないとわかっているのに，疎遠になる人が多い。
3. 改善案として（プランの提示）
   a. 電子メールによる受付開始　→若い世代の獲得
   b. 挨拶状・案内状の送付　→リピート性の向上
   c. お灸のプレゼント等　イベント実施　→顧客満足度の向上
4. 解決性：すべて低コストで現実的（数名の顧客獲得でまかなえる費用）

これにより顧客数が増加する可能性は高い。なぜなら顧客は自分の健康に興味があるが，面倒くさがってこなくなる傾向にある。上記のプランによってこの点をケアできる。

その後この経営者は次々とアイデアを実行し，もともとの技術力の高さなどとあいまって，予約が困難なほど繁盛するようになった。

◆さまざまな分野で応用するディベートテクニック

ここで紹介したのはコンサルティング業界というほんの一例であるが，これ以外にも企画，営業職，事務職，教職などあらゆる場面においてディベートは活用することができる。例えば営業マンにとっては，相手の話を聞いてニーズを導き出し，それに的確な対応をするという能力が効力を発揮する。これはデ

職場で活かすディベート
コンサルティング業界の例から

ィベートで相手の視点に立ち，相手の議論を検証する能力に対応している。事務職では，書類の処理能力と，必要なときに必要な情報を引き出せる能力が必要とされる。これはディベートでの情報収集・処理能力と，相手にあわせてエビデンス・カードを使い分ける能力に対応している。ある知り合いのディベート経験者の女性は，ファイルボックス，クリアファイルを活用して情報を効果的に分類している。各トピックに関してどんな時にも適切に情報検索ができるようになっている。

もちろん，企画などプレゼンテーションを必要とする部署では，ディベートでのプレゼンテーション技術をそのまま応用することができるだろう。企業に限らず研究者が学会発表する場合についても同様である。特に，質疑応答に慣れていないと，自分の発表に対して質問されたとき，まるで自分が攻撃されたように感じて身構えてしまう人がいる。しかし質疑応答に慣れていれば，自分の「議論」と自分自身に対する攻撃を切り離すことができるので，ポジティブに対応することができる。質問を自分の意見をさらにアピールするチャンスとしてとらえることができる。

ディベートでは，膨大な情報量をもとに自分たちの立論を構築していく。この点において，ディベートの準備ノウハウと相手の戦略にあわせてエビデンスカードを使い分ける能力が必要になる。ディベーターは本格的なディベート大会に出場するときには，1シーズンで100冊以上の本を調べることもある。自分がどんなデータがほしいのかを念頭におきながら，膨大なデータを蓄積する。この情報処理能力がディベートを行うことの最大の恩恵かもしれない。大半の仕事において情報の処理をいかに行うかという側面が重要だからである。

ここではわずかな事例しか紹介できなかったが，ディベートのノウハウである〈問題の発生過程の把握〉〈重要性の把握〉〈プラン〉〈問題解決性〉に立論のための〈情報処理能力〉を加え，これらは一般社会において非常に有効なフレームワークであるといえる。みなさんも，ディベートで培った能力を活用して，新たな世界を開いてほしいと思う。

就職活動に活かすディベート

コラム11：コンサルティングでディベートを使ってみたら…

　大学を卒業して既に数年立ちましたが，今でも日常生活でディベートが役に立っています。現在企業経営コンサルティングの仕事をしており，市場の将来性や新規ビジネスの妥当性を分析して提言をします。クライアントに分析結果や提案を説明する際，ディベートで培ったロジックは威力を発揮します。提案書の構成はまさに肯定側立論そのもの。発生過程は「あなたはこの話に耳を傾けるべき。なぜなら……」，重要性は「それはこんなに凄い」，プランで「具体的にはこうする」を説明し，解決性は「この提案の信憑性はこんなにあるのです……だからやりましょう」となっているわけです。もちろんクライアントからは「その事業に今の社員を充ててしまうと，本業がおろそかになってしまうのでは？（デメリットに相当）」「先行の競合プレーヤーから顧客がシフトしてくるほどわれわれのサービスに差別性はあるのか？（メリットへのアタックに相当）」といった質問を浴びせられます。まさに否定側のアタックそのものですね。あなただったらどう返しますか？

　失敗談もあります。一番まずいのは「それって全然インパクトないのでは（重要性がない）」と相手が非常に重要視している問題をあっさり一言で片付けてしまったこと。特段の理由もなく重要と思い込んでいたりするので，即座に理由を述べられず相手が絶句してしまう可能性が高いのです。日常生活ではこの「インパクトがない」の概念は理解してもらうのが難しく，かえって相手の感情を害す危険性がありますので，使い方には十分注意しましょう。

（ともすえ　ゆうこ）

| 第7章 エビデンスを使う | 第8章 戦略を立てる（反駁） | 第9章 試合をする | 第10章 教育の中のディベート | **第11章 社会の中のディベート** | 付録・文献索引 |

職場で活かすディベート
コンサルティング業界の例から

付録：ディベート論題集（参考例）

　以下に，ディベートの論題例をあげてみた。A.リサーチをしなくてもできる，B.リサーチしなくてもできるが，したほうがよい，C.リサーチをしたほうがよい，の3つに分類したので，参考にしてほしい。初心者はまずA.から始め，リサーチを導入する段階になったら，B.C.のような論題に挑戦してみるとよいだろう。

A.リサーチをしなくてもできる
・風呂は朝入る方がよい
・都会よりも田舎に住むほうがよい
・結婚はしないほうがよい
・ペットを飼うなら犬がよい
・遊びに行くなら，海より山がよい
・高校の制服を廃止すべきである
・小学校での運動会を廃止すべきである

B.リサーチをしなくてもできるが，したほうがよい
・小学校で，環境教育の時間を設けるべきである
・ボランティア活動を単位（又は必修）にすべきである
・インターンシップの参加に単位を認めるべきである
・中学校にも飛び級制度を導入すべきである
・夫婦別姓を認めるべきである
・女子大を廃止すべきである

C.リサーチをしたほうがよい
・人の安楽死を認めるべきである
・選挙権を18歳以上に引き下げるべきである
・外国人日本居住者に選挙権を認めるべきである
・日本の首相を直接選挙制にすべきである
・すべての原発を廃止すべきである
・死刑制度を廃止すべきである
・刑法第39条を改正すべきである

・すべての自治体で,ごみの回収を有料化すべきである
・英語を第2公用語にすべきである
・すべての小学校で英語教育を始めるべきである
・刑法の適用年齢を引き下げるべきである
・サマータイム制を導入すべきである
・難民の受け入れを増やすべきである

引用・参考文献

Ericson, J., Murphy, J., and Zeuschner, R. (1987) *The Debater's Guide*. Revised Edition. IL: Southern Illinois University Press.
Hanson, J. (1990) *NTC's Dictionary of DEBATE*. IL.: National Textbook Company.
上条晴夫 (1996) 中高校生のためのやさしいディベート入門　シリーズ・教室ディベート5　学事出版　藤岡信勝監修
北野宏明 (1995) ディベート術入門　問題発見，論理構築から危機管理まで　ごま書房
松本道弘 (1999) ガツンと言えるディベート術　河出書房新社
松本道弘監修 (1986) これがディベートだ！地上最強の英語　アルク
松本茂 (1996) 頭を鍛えるディベート入門　講談社
中沢美依 (1996) 教育的ディベート授業入門　明治図書
佐藤喜久雄・田中美也子・尾崎俊明 (1994) 中学・高校教師のための教室ディベート入門　創拓社
茂木秀昭 (2001) ザ・ディベート―自己責任時代の思考・表現技術　ちくま新書
山口和宏 (1995) 『ディベート』を取り入れた教育行政の授業　京都大学高等教育研究創刊号，京都大学高等教育教授システム開発センター　pp.78-86
  (http://ha3.seikyou.ne.jp/home/Kazuhiro.Yamaguchi/)
Zajonc, R.B. (1965) Social facilitation. *Science*, **149**, 269-274.

ディベート関連団体（ここに紹介した以外にも多数の団体があります）
日本ディベート協会　　http://www.kt.rim.or.jp/~jda/
　ディベート活動の普及・発展を推進することを目的として1986年発足した団体。大学生の英語・日本語ディベート大会のためのJDA推薦論題を年2回 発表する。日本語ディベート大会の開催や，日米交歓ディベートなどを行う。
全国教室ディベート連盟　　http://member.nifty.ne.jp/debate/index.htm
　全国の中学校・高校でのディベートの普及を目指す団体。ディベート甲子園を主催する。各地でディベート講座や合宿などを行う。

索　引

あ行

アカデミック・ディベート　3
新しい議論（New argument）　100
アンケート　132
ESS（English Speaking Society）　2, 32
意思決定　145
色分け　81
インターネット　77, 79, 145
インターライブラリーローン　75
インターンシップ　130
インパクト　148
引用文　87
NDT（National Debate Tournament）　121
エビデンス（evidence，証拠・論拠）　37, 84, 98
エビデンスアタック　93
エビデンスカード　86
エビデンスの種類　88
エビデンスの優越性　98
エントリーシート　142
思わぬメリット　134

か行

カード　88
カード化　81
解決性　46, 49, 114
解決性がない（No Solvency）　52
カウンタープラン（対策）　68
確証バイアス　20
確率　48, 66, 99
「崖っぷち（On the brink）」作戦　64
価値論題（Value debate）　54
考える力　5
Q&A（質疑応答）　103
教育行政　128
競合性（Competitiveness）　69
教室ディベート連盟　2
協調性　13
クレーム　40, 86, 91, 92
ゲーム性　16
研究活動への動機づけ　128
現状分析　138
肯定側　15
肯定側立論　42
肯定側立論の3要素　46
固定制　32
コピー　80
コミュニケーション　124
コメンテイター　30, 110
コメント　116, 119
コンサルティング業界　144

さ行

細目　56
司会者　109
時間的枠組み（Time frame）　53, 99
自己分析　138
時事用語辞典　73
質疑応答　21, 34

| 第1章 アカデミックディベートのススメ | 第2章 ゲームとしてのディベート | 第3章 ディベートの流れをつかむ | 第4章 立論する（肯定側立論） | 第5章 反論する（否定側立論） | 第6章 リサーチをする |

実行可能性　46
視点の複数化　128, 129
ジャッジ　34, 96, 109, 110, 111
ジャッジ・シート　111, 113
ジャッジの心得　115
就職活動　138
重要性　45, 46, 48, 99, 114
主張　86
勝敗の決め方　111
情報教育　5
情報源　86
情報収集　72, 75, 102, 141
情報処理能力　147
ジョブウェブ　142
シンクタンク　144
深刻性　60, 61, 66
スピーチ　105, 117
スピーチのコツ　116
スピーチの役割分担　102
政策科学部　126
政策論題（Policy debate）　54
セカンド・スピーカー　109
戦略　96
総合学習　2, 136

た行

ターン（Turn around）　52
第2陣（セカンドライン）　66
第3反駁　100
対案（カウンタープラン）　68
タイムカード　109
タイムキーパー（時計係）　109
机の配置　110
ディベート嫌い　131
ディベート甲子園　2, 31

データ検証　144
デメリット　33, 56, 58
デメリットの大きさ　66
デメリットの構成　60
図書館　75

な行

内因性　46
ななめ読み　80
ナンバリング　37
ニーズを探る　141
ネガティブ・ブロック　67, 102
Net-benefit　69

は行

発生過程　46, 49, 60, 61, 114
パブリック・プレゼンテーション　125
判断の基準　99
反駁　21, 34, 96
反駁セッション　100
反論　58
否定側　15
否定側立論　58
否定側立論の2要素　61
人前で話す練習　128, 129
ファースト・スピーカー　109
フォーマット　31
付箋　80
プラン　33, 53, 105
ブリーフ　88
ブリーフ化　88
ブレインストーミング　42, 74, 138
フレックス制　32
フロー・シート（フロー）　35, 97, 111, 116

154

ま・や行

Mutual exclusive　69
メリット　33, 42, 58
メリット・デメリット分析　145
メリットとデメリットの比較　48
メリットの大きさ　48
面接　143
メンター制　127
優越性（Superiority）　70
「雪だるま式（Snowball）」作戦　64
予算　56

ら・わ行

ラウンド全体の戦略　101
ランダム・ディベート　29
リサーチ　72
リサーチの面白さ　133
立証責任　115
立論　21, 34, 42
立論の構成　48
「リニア（Linear）」作戦　64
略語　37
理由づけ　91, 98, 114
リンクマップ　42, 74, 138
論題　53, 54, 72
論題に含まれない（Non-topicality）　68
ワンマン・ディベート　30

あとがき

　無事本書を書き終えることができて，大変ほっとしています。最初は五里霧中だったこの本も，さまざまな方の助けのおかげで形にすることができました。次の方々に感謝を捧げたいと思います。まずこの本はナカニシヤ出版編集部の宍倉由高さんが企画を持ちかけてくださらなければ形にならなかったでしょう。共著者の毛受さんには本の構成を考える上で大変有用なアドバイスをいただきました。そして奈良女子大学生活環境学部生活文化学講座の学生さんたちに感謝します。プラクティスの開発のために，市橋美予さん，墨さち枝さん，立開さやかさん，高橋幸子さん，早野哲さんにご協力いただきました。10章の執筆においては，立命館大学政策科学部の佐藤満氏には快く取材に応じていただき，また近畿大学の山口和宏氏には文献の引用を許していただきました。ここにお礼を申し上げます。NPO政策研究所の内山博史さんからも貴重な情報をいただきました。最後になりましたが，私がディベートを学ぶことができたのは名古屋大学ESSのディベートセクションの先輩，同輩，後輩の方々のおかげであり，大変感謝しています。

　私にとって，大学に入って初めて出会ったのがディベートでした。それまでは他の多くの人と同様，ディベートを見たこともなかったし，高校時代にはほとんど人と議論した経験はありませんでした。
　ディベートの練習試合を初めて見た時はカルチャー・ショックで，「こんなことできる人たちがいるんだ」と驚きでした。ディベートをやっている先輩たちは，演壇にすっくと立ち，英語で意見を戦わせることができるという，それまで見かけたことのないたぐいの人種でした。「ディベートをやっていればいつか先輩たちのようになれるだろうか」と自分も恐る恐る始めたわけです。最初はまったく勝手がわからず，試合では悔しい思いを繰り返しましたが，いつしかディベートの試合の緊張感のとりこになっていました。
　というわけで学生時代は毎日大学に行くと図書館に直行していました。その

頃ディベート部の人たちはリサーチのため図書館にいつも集まっていたからです。コラムにも書きましたが，雑誌コーナーで「諸君」や「世界」などの（多少怪しげな）雑誌を山積みにし，ペタペタと付箋を貼っていました。図書館の大きな窓から青空の広がる日など，「なぜ自分たちはいつも室内にこもってこんなことをやっているんだろう」と素朴に疑問に感じることもありましたが，それはそれで充実した時間でした。一般的な女子学生の青春の過ごし方とはかなり違っていたかもしれませんが。

　この本を書いた動機づけの1つには，多くの学生にディベートの楽しさを知って欲しいということがあります。ディベートはビジネスのためだけのものではなく，人を操縦するためのものでもありません。ディベートは，自分自身のためのものです。学生時代の豊富な時間を賭ける価値のあるものとしてのディベートを知って欲しいと思います。

　私自身はディベートを通して非常に多くのことを得たと思っています。今は自分自身が試合に出る機会はないですが，ディベートの考え方そのものは日常生活のさまざまな場面で影響しています。メリットの1つは，議論の流れが見えるようになるということです。これは，今でも学会で話す時などに役に立ちます。（ただし，ディスカッションする時など議論が横道にそれるとわかってしまうので，かえってフラストレーションはたまるかも）。

　自分が現役の時にはディベートのゲームとしての，勝ち負けのあるところが好きで，戦略を練ることに一生懸命になっていたので，今こうして「教育としてのディベート」ということを言っていると苦笑している人もいるかもしれません。でも，ディベートも囲碁や将棋と同じで，勝つために一生懸命になっているうちにいろいろ身についてくるし，それでいいと思います。まずは，ディベートを楽しむことさえできれば，それだけでもディベートを体験する価値はあるでしょう。この本をきっかけとして，ディベートに触れる学生が増え，ディベート好きの人が増えてくれれば望外の喜びです。そしてディベート好きの人が増えることが，閉塞感のある日本の社会に風穴をあける鍵になるのではないかと内心期待しています。

安藤香織

著者紹介

〈編　者〉

安藤香織（あんどう　かおり）
1994年名古屋大学文学部卒業　1995年ケント大学社会・応用心理学部修士課程修了
1999年名古屋大学大学院文学研究科博士課程修了
現在，奈良女子大学生活環境学部准教授。博士（心理学）
HP http://ando-kaori.infoseek.ne.jp
　名古屋大学ESSでディベートと出会う。初めて勝負の面白さを知り，ディベートの戦略を練ることに熱中する。
英語でディベートをしていると「人格が違う」と言われる。
[担当]：1章，3章，4章，5章，8章，9章，10章，コラム5，6，7，8

田所真生子（たどころ　まきこ）
1995年愛知淑徳大学文学部卒業　1998年パラマーカレッジ心理社会福祉修了証取得
1999年名古屋大学大学院国際開発研究科博士（前期）課程修了
現在，名古屋大学国際交流協力推進本部特任准教授。
　大学在学中にディベートの面白さを知り，大会やキャンプ（合宿形式のセミナー）のため，全国を飛び回っていた。そのとき培った友情は，今でも大切な宝物である。
[担当]：6章，7章，コラム2，3，4

〈著　者〉

毛受芳高（めんじょう　よしたか）
1995年名古屋大学工学部情報工学科卒業　1999年名古屋大学人間情報学研究科修士課程修了。
現在，特定非営利活動法人・愛知市民教育ネット代表理事。
HP http://www.ask-net.org/
　名古屋大学時代，ESSでディベートに出会う。その後，ディベート道の松本道弘氏に師事するほか，東海地区高校生ディベート大会でトレーナー，審判をつとめる。
[担当]：2章，コラム10

平手喬久（ひらて　たかひさ）
1998年愛知学院大学文学部卒業　卒業後友人とBARを経営。
傍らフリーでWEBコンサルティングの仕事をする。
2000年インターネット広告代理店メールニュース（現CCI）入社。
2001年より，アクセンチュア株式会社に転職。
　ディベートとの関わりは，学生時代に松本道弘氏に師事する。
卒業後は一時期東京にて，松本ディベート研究所でディベート研修の手伝いをする。
[担当]：11章，コラム1

友末優子（ともすえ　ゆうこ）
ボストン・コンサルティング・グループ
　私の人生の3大イベントの1つにディベートとの出会いがある。
大学卒業後もジャッジをやったり，ディベート大会のマネジメントのお手伝いをしたり，（たまに）大会に出場したり，と活動継続中。
[担当]：コラム9，11

〈表紙絵〉
和座真紀（わざ　まき）
書家である祖父壷村（こそん）のもとで書を志す。
ニューヨークのアートステューデントリーグで西洋的な画法を学び，東洋と西洋の融合した芸術の創作につとめる。

〈本文中イラスト〉　田所真生子

実践！アカデミック・ディベート
批判的思考力を鍛える

| 2002年 4月10日 | 初版第1刷発行 |
| 2014年 3月22日 | 初版第4刷発行 |

定価はカヴァーに
表示してあります

編著者　安藤香織
　　　　田所真生子
発行者　中西健夫
発行所　株式会社ナカニシヤ出版
〒606-8161 京都市左京区一乗寺木ノ本町15番地
telephone 075-723-0111
facsimile 075-723-0095
郵便振替　01030-0-13128
URL　　http://www.nakanishiya.co.jp/
e-mail　iihon-ippai@nakanishiya.co.jp

装幀・和座真紀／印刷・ファインワークス／製本・兼文堂
Copyright © 2002 by K. Ando & M. Tadokoro
Printed in Japan
ISBN978-4-88848-683-5 C1000

◎本書のコピー，スキャン，デジタル化等の無断複製は著作権法上での例外を除き禁じられています。本書を代行業者等の第三者に依頼してスキャンやデジタル化することは，たとえ個人や家庭内での利用であっても著作権法上認められておりません。